HONG KONG

香港

Hong Kong

Beauty

Hong Kong

林建岳博士 著

南華戲院
SOUTH CHINA CINEMA

Dim Sum

美事

大發押
TAI FAT SHP

發大 押

商務印書館
THE COMMERCIAL PRESS

TAXI

BUS

Beauty

倫敦大酒店

商務印書館

本書文章承蒙《頭條日報》准予轉載、香港旅遊發展局提供照片，謹此鳴謝。

香港美事

作　　者	林建岳 博士	
責任編輯	何小書	
封面設計	黃鑫浩	
出　　版	商務印書館（香港）有限公司	
	香港筲箕灣耀興道 3 號東滙廣場 8 樓	
	http://www.commercialpress.com.hk	
發　　行	香港聯合書刊物流有限公司	
	香港新界大埔汀麗路 36 號中華商務印刷大廈 3 字樓	
印　　刷	美雅印刷製本有限公司	
	九龍觀塘榮業街 6 號海濱工業大廈 4 樓 A	
版　　次	2019 年 12 月第 1 版第 1 次印刷	
	© 2019 商務印書館（香港）有限公司	
	ISBN 978 962 07 5830 0	
	Printed in Hong Kong	

版權所有　不得翻印

目　錄

第二章：文創產業

第三章：美食天堂

第四章：影視娛樂

第五章：經濟之都

資料鏈接 ／p415

附錄：香港旅遊盛事大事記／p418

自序：我心中的美事

　　《香港美事》一書，在我心中有很特別的分量，更有很美的滋味！因為，書中所說的話，是我心裏的話；書中所講的事，是我心中的美事！書中表達的情感，就是我對香港的情感；香港的美事，就是我心中的美事！

與人分享經歷的美事是我的心願

　　出版《香港美事》一書，緣於我心中的一個願望：希望將自己經歷的美事，通過報章專欄與讀者分享。自2015年12月18日開始，我在《頭條日報》撰寫專欄，並以《香港美事》命名，目的就是以文會友，用文字記錄我有幸參與的香港大事、美事、盛事，表達我對生活、旅遊、美食乃至社會事務的一些感受，讓讀者可以通過這個小小的專欄，分享香港的各種美事，也為社會帶來多一些正能量。《香港美事》一書正是由此而來。

　　《香港美事》一書匯集了我在《頭條日報》發表的文章，有五大類：旅遊盛事、文創產業、美食天堂、影視娛樂、經濟之都。整體而言，本書有四個特點：

一是美事連連。香港是旅遊之都，盛事多多。本書收集的文章，正是我在擔任香港旅遊發展局主席期間所寫，記錄了我親身參與籌備及推動各項國際盛事、大型活動及表演的經歷，包括單車節、電競音樂節、美酒佳餚巡禮等等，可謂是美事連連。我在文章中也有討論「盛事旅遊」、郵輪旅遊、一程多站、深度遊等議題，表達了我對香港旅遊前景的美好期待。

美事連連 內容多樣 香江情懷

二是內容多樣。這幾年，我參與各種事務很多。我將那些令自己興奮激動的經歷和感受寫進專欄，包括香港的經濟民生政策、國家的「兩會」議題、兩地的文創產業與影視娛樂以至「一帶一路」與粵港澳大灣區建設等等。每當我在外地品嘗過一些令人難忘的美食，遊覽過令人驚嘆的景點，我也都有一種在專欄表達的衝動。本書文章的內容因而也顯得多姿多彩。

三是香江情懷。我的專欄文章以香港本地的廣東話行文。儘管社會上對這一類的做法有不同意見，但我覺得，對於以廣東話作為母語的香港市民來說，廣東話往往更生動傳神，更有親切感。我在其中一篇文章中表露了自己的

想法：「我同好多香港人一樣，土生土長，熱愛這片土地，這就是香港地。所以，本地文化，絕對係需要我哋承傳落去。有人問我，我撐唔撐廣東話？我答佢：『我呢個專欄，都好似係用廣東話嚟寫㗎嘛！』」其實，這段話也表明，我以香港的方言寫專欄，寄託了自己的香江情懷。這個風格我將維持下去。

四是資料詳實。為了方便讀者了解文章的背景，本書特地就文中提到的一些香港美事、大事以及國家的重大政策及規劃，設有「資料鏈接」作專門介紹，並整理了這幾年香港旅遊盛事的大事記。理清這些盛事美事的脈絡，也是在整理香港人美好的集體回憶。

服務香港是我最大的美事

《香港美事》結集的文章，都是在我出任旅發局主席期間撰寫。與旅發局同仁共事的經歷，給我留下了美好的回憶。卸下旅發局主席職位之後，我在貿發局主席的新崗位上繼續服務香港，《香港美事》專欄仍然會寫下去，繼續為讀者呈獻各種美事，繼續為香港打拼。對我來說，能夠服務香港，是我最大的美事！

第二章

旅遊盛事

大搞快樂盛事

單車運動在本港越來越受市民歡迎，這實歸功於香港單車隊近年的輝煌成績。黃金寶、李慧詩、黃蘊瑤等多位本港單車好手，在國際賽事屢創佳績。港隊在努力爭取世界獎項的同時，亦將單車運動普及化，擴展為一項國際盛事，不只為香港增添活力，更豐富訪港旅客的旅遊經驗，完全體現了香港充滿姿彩的城市性格，鞏固香港作為「亞洲盛事之都」的地位。早前，香港旅遊發展局舉辦首屆「香港單車節」，車手在繁華都市內競技，即使天公不造美，也無損車手們的意志與興致。來自 17 個國家及地區約 100 名世界級專業單車選手，在「兩公路、兩橋、兩隧道」一決高下，就連一家大細都可以享受悠閒騎車樂。

2015 年，旅發局首辦「香港單車節」，吸引了約 100 名世界各地專業車手來港一決高下。

部分報名費更用作慈善，別具意義。

旅發局今次首辦單車賽事，當中需要很多政府部門共同努力，在很多環節要迎難而上，才會成事。當天，天雨路滑，有幸選手們都加倍謹慎。我們收到很多由心而發的意見，我與同事們都一一記下，立即回應，承諾檢討。我相信萬事起頭難，亦相信在實幹中進步。

當然，不少選手賽後亦向我們大呻「唔夠喉」，話「兜多幾圈更好玩」。我相信，提升賽事距離、水平及專業性，更能吸引全球的遊客前來參與。如果說到品牌和經濟

效益，今年舉辦的電動方程式 (Formula E)，一定比單車節不遑多讓。Formula E 除了是體育活動外，賽車及周邊活動，都會獲得各地時尚型人的目光，吸引旅客及媒體捧場。讓我們一起拭目以待這場在香港鬧市中的快樂盛事。

2016 年 11 月 8 日

食肉食齋有得揀

　　早前中國旅遊研究院公佈：2014 年內地出境人數達 1.07 億人次，連續兩年成為世界排名第一的客源地。我曾以「內地市場是肥肉，偏偏有些港人愛吃齋」比喻有激進人士以不和平的行動來驅逐內地遊客，損害香港旅遊城市的形象，讓肥水流入別人田。日本、韓國以至歐洲國家，他們都出盡全力搶奪內地遊客這塊肥肉，不但簡化簽證安排，甚至有著名商戶特意聘用普通話服務員，將內地遊客視若上賓，讓他們感到賓至如歸。

　　香港人其中一個最核心的價值，就係「有得揀」。食肉食齋，悉隨尊便。但是，用不和平的行動驅逐內地遊客，這就連累百萬市民的生計，就等如夾硬迫鍾意食肉的

人食齋。根據「世界旅遊業理事會」WTTC早前報告，本港旅遊、零售相關行業直接和間接聘用了約70多萬人。如以三人家庭計算，旅遊業唔食內地這塊肥肉，就會影響超過200萬市民。講真話，就嚟農曆新年，個個都想家肥屋潤過肥年。只可惜，早前一些激進人士發起連串驅逐內地客激烈行動後，內地來港遊客數字明顯下跌，市道不景，要全港市民無選擇地陪佢哋一齊營養不良。

　　肥豬肉要肥而不膩，鬆軟香口，首重烹調方法。這就等如既要經營好內地巨大客源，為香港帶來財源，亦要避免為港人帶來不便，這就考烹調功夫。香港人一向識飲識食，亦着重均衡飲食，不過，肥豬肉畢竟是大眾化的食材，是基層市民喜愛的食物，當然不可放棄。

2016年1月15日

煙花照亮無數笑臉

放煙花，是市民大眾都期待的節慶活動。在我小時候，香港一年只會放一次農曆新年煙花。回歸後，在國慶和回歸的節日都會放煙花，令香港的夜空一次又一次大放異彩，照亮無數笑臉。

旅發局已連續多年主辦除夕倒數匯演，而維港煙花每年都是倒數的重頭戲。今年主題是「愛與歡樂」，當中發放超過 160 個「笑面」圖案煙花，將開心帶給香港人以至世界各地的遊客。今年加強了煙花表演，發放的煙花闊 1,000 米、高 150 米，就好似網狀的烈火瀑布一樣，震撼人心。維港兩岸今年有超過 30 萬人夾岸慶祝。在現場看煙花別有感覺，煙花在維港上空爆發，火藥味、爆炸聲，

令人翹首屏息、又令人忘情歡呼。歡呼過後，不少觀眾亦向我表示，說希望下年可將煙花環節時間加長就更滿足了。香港的除夕煙花，更吸引不少國際傳媒大篇幅報導。今年還首度與 YouTube 合作網上直播，將香港美麗的夜空和笑臉傳播到世界各地，令香港成為全球跨年慶祝活動的焦點城市之一，提升了香港的國際形象。

近年，很多鄰近地區紛紛爭取節慶旅客。譬如：新加坡在濱海灣 (Marina Bay) 亦舉辦長達 8 分鐘的煙花匯演，再加上沿岸建築的燈光投影 show。他們今年更將煙花燃放範圍從濱海藝術中心正前方，擴大到整個濱海灣水域，與我們的匯演愈來愈相似。宏觀而言，周邊的城市都在密密開發新的旅遊項目，上海迪士尼樂園年中開幕，日本及韓國亦積極爭奪內地客源。香港要維持旅遊競爭力，就需要更多有吸引力的歡樂盛事，這需要我們多花心思，齊心努力。

歐洲近來受恐襲陰霾籠罩，多個城市在籌備跨年慶祝時如臨大敵。過去一年，縱使風雨紛擾，香港仍是平安的福地。展望新一年，香港面對重重挑戰，但不管未來的路有多崎嶇，新年總能帶來新希望。

2016 年 1 月 22 日

花車巡遊獲市民夾道歡呼

恭喜發財！新正頭，祝大家萬事勝意！

香港人十分重視農曆新年，年三十晚逛花市、初一看花車、初二睇煙花，一家人齊齊整整最重要。當然，農曆新年也是香港的旅遊旺季，一連串充滿傳統特色節慶的活動，希望吸引更多過夜旅客來港消費。

旅發局年初一晚舉辦「新春國際匯演之夜」，門票一公開發售，旋即售罄。今年，約有 15 萬人逼爆尖沙咀觀賞巡遊，13 部花車在鬧市列陣巡遊，22 支國際及本地表演隊伍現場助興，規模是歷年來最大。今年，巡遊隊伍與沿途市民更近距離互動，由螢光舞龍穿梭於尖沙咀主要街道，以及啦啦隊隊伍拉開序幕。緊隨的荷蘭恐龍部隊 6

2016 年農曆大年初一晚，旅發局舉辦「新春國際匯演之夜」，約 15 萬人逼爆尖沙咀觀賞巡遊。

隻巨型恐龍，日本 Sanrio 家族的 Hello Kitty、高難度花式跳繩都贏得掌聲。手持紅色 lightsaber 的黑武士及白兵隊伍，更獲兩旁市民夾道歡呼，舉機拍照。小朋友至愛仍是迪士尼樂園的花車，米奇及米妮在車上向大家拜年。另外，今次亦大玩愈來愈流行的 Video Wall，唔少遊客亦覺得視效不錯。

日前，英國發表一項市場調查報告，根據各地過夜旅客數據，列出全球百大最受旅客歡迎城市，香港以約 2,700 萬人次，大幅拋離其他城市，連續 6 年高居榜首，

英國倫敦第二，新加坡排名第三。觀乎世界各地，香港面積細小，卻能吸引如此龐大的旅客，實屬難得。但面對鄰近地區激烈競爭，訪港旅客數字近來錄得放緩。因此，要發展旅遊，短中期來說，就要多靠 mega event 和海外宣傳，省靚香港好客之都的招牌。可惜，在大年初二凌晨發生的騷亂，不但使人痛心，對本港旅遊業更絕對造成負面影響。新一年，希望我們可以迎難而上，努力做好吸引旅客的各項工作。

今日係大年初五，祝願猴年香港風調雨順，政通人和！

2016 年 2 月 12 日

盛事旅遊新景象

　　新年前寒流襲港，香港氣溫跌至 60 年來新低。無論幾凍，冬天始終會過去。不過，目前比較擔心的，是香港旅遊業的寒冬，可能只是啱啱開始。

　　香港素有「旅遊之都、盛事之都」美譽。可是，去年全年整體訪港旅客下跌百分之二點五，旅客少咗嘅，成因好多：匯率、社會事件、區內競爭等。新一年，「盛事旅遊」將會是其中一個推廣策略，為香港舉辦各種 mega event。

　　去年，旅發局就主辦很多成功的盛事：像十月舉行的「美酒佳餚巡禮」，就吸引約 14 萬 4,000 人次入場；今年，更打算「搞大啲」，除了中環海濱原有用地外，亦正計劃擴展至一塊相連草地，增加展覽和表演場地面積。

體育盛事方面，旅發局去年 10 月首次舉辦「香港單車節」，相當受歡迎，不少選手都向我們表示「唔夠喉」，希望下一屆「單車節」的路線可以長啲。今年，「單車節」計劃加長至 50 公里，增加賽事可觀性。此外，還有 6 月舉辦的「龍舟嘉年華」，因為尖東工程，我們將移師至新場地，加入新比賽項目，增加新鮮感。另外，10 月更有首次在香港鬧市亮相的電動方程式（Formula E）賽事，相信這會是今年的盛事焦點。

除了 event，亦會有新 package 配合。今年，旅發局計劃與業界加強合作，推出針對式旅遊產品，譬如分別以家庭旅客、年輕和在職旅客為對象，推出優惠產品，構思包括豁免同行小童的景點入場費和酒店住宿費用。與旅遊業界、酒店及航空公司等合作，於平日酒店入住率較低的日子，推出優惠的旅遊產品等，希望吸引更多家庭旅客在學校長假期訪港，以及鼓勵在職人士利用數天年假來港作短線旅遊。

雖然現在的環境不如以往一帆風順；不過，我相信旅遊業仍然是機遇處處，只要我哋繼續同心合力，就可以為香港開創新景象。

2016 年 2 月 19 日

為香港雪中送炭

　　日前，政府發表財政預算案，全力支持旅遊業。在旅遊業面對的嚴峻挑戰下，我會形容係雪中送炭、拋磚引玉，我亦相信，這些舉措是旅遊業界樂於見到。

　　2015 年訪港旅客數字下跌。環球經濟放緩，早前一些人士對旅客的不禮貌行動，嚴重影響香港「好客之都」的形象。這些因素令旅遊、零售等相關行業步入了寒冬。施政報告及財政預算案都有措施希望為香港的旅遊業解困。其中，剛發表的財政預算案，政府會推出短中長期措施，減輕業界經營成本，加強香港旅遊業的吸引力和競爭力。當局會撥款 2 億 4,000 萬元，聯同業界推出五項措施，為香港旅遊業雪中送炭，燃起希望，協助旅業步出

寒冬。

　　旅發局將善用額外的推廣資源，在 2016/17 年度計劃的基礎上開展工作。其實，投放在旅遊上的資源，絕對是拋磚引玉，為香港追求更大的回報。旅發局除了加大宣傳攻勢，推廣優質誠信旅遊外，仲會拍攝全新宣傳片，為旅客帶來新驚喜。在 mega event 上，一年一度嘅「美酒佳餚巡禮」，今年將擴大至中環海濱的兩塊相連草地，並加入特色主題。香港單車節延長賽程至 50 公里，吸引更多海外好手參賽。更有提議話，不如邀請單車運動的明星來撐場，我覺得都可以諗諗。此外，還有 10 月份首度亮相中環鬧市的電動方程式比賽 (Formula E)、Rugby Sevens、網球公開賽同高爾夫公開賽，都可以吸引多啲過夜高消費旅客嚟香港。

　　當然，有人問我，兩億幾，夠唔夠？我就會講「睇餸食飯」。而家加咗餸，我哋當然要把握機會，煮餐好飯。

2016 年 2 月 26 日

向北美市場推廣「一程多站」

踏入 2016 年，很多朋友都十分關心香港旅遊業的情況。經歷去年的挑戰，新一年，旅發局會繼續推出不同計劃，吸引遊客。其中，我們將會集中資源吸引高增值過夜旅客，並向美加、東南亞、韓國等海外市場推廣香港，重新建立香港「好客之都」的形象。

海外推廣首站是北美市場。今個星期，我們旅發局聯同台灣觀光局一道遠赴美加，聯手向北美旅遊業界伙伴、航空公司等宣傳「一程多站」。香港處於東亞中心點，地理位置優越，香港飛台灣每日有超過 60 班機，航程只須大約 80 分鐘。這個「一個旅程、暢遊多站」的旅遊模式，不僅推動了香港的旅遊發展，亦為香港和鄰近地區帶來更

旅發局於 2016 年與台灣觀光局遠赴美加，聯手向北美旅遊業界、航空公司等宣傳「一程多站」。

多合作機會，讓區內的旅遊事業可更蓬勃發展，互惠互利。

　　據調查，美國是港台最大的長途客源市場，當中，有超過九成美加旅客到訪香港後，希望繼續前往鄰近城市旅行。隨着美國經濟穩步復甦，去年到訪港台兩地的美國旅客數字都獲約 4.5% 增長。現時，每星期有超過 200 航班往返美國與台灣和香港，預計 2016 年將會繼續增加。

　　由於香港和台灣有着不同的旅遊體驗，在海外地區推廣「香港 · 台灣一程多站」，相信可以帶動兩地旅遊發展，譬如：香港是一個中西文化匯萃的迷人都市，台灣擁

有的則是寶島風情；香港有刺激的 metropolitan 元素，而台灣則有 LOHAS 風格。我相信，美加旅客可以在一趟旅行感受兩種城市風情，必定有嶄新的旅遊體驗。除此之外，旅發局亦有計劃與台灣的航空公司合作，推出「港台同遊」機票優惠，並對北美旅客宣傳。

其實，我們要發展「一程多站」旅遊，除了台灣外，與澳門和廣東的合作也是必不可少。隨着未來廣深港高鐵和港珠澳大橋建成通車，粵港澳三地往來將更加便捷。旅發局亦一直與廣東省和澳門旅遊局合作，在海外宣傳「一程多站」旅遊，爭取海外旅客將兩岸四地的旅遊點，都放在同一個旅程之中，盡享「一程多站」樂趣。

2016 年 3 月 11 日

「飛航郵輪」與好客之都

擁有 176 年歷史的英國皇后郵輪船隊（Cunard Line），今年首度將香港列入年度環遊世界航線。日前，旗下「三后」，包括全球體積最大「瑪麗皇后二號」（Queen Mary 2）、「維多利亞皇后號」（Queen Victoria），以及「伊利沙伯皇后號」（Queen Elizabeth）首次聚首香港，為香港帶來 17,000 多位高消費旅客。

旅發局近年積極拓展郵輪區域合作。早在 2014 年，旅發局已經與台灣觀光局合作成立「亞洲郵輪專案」，資助郵輪公司進行市場推廣及發展郵輪旅遊產品，鼓勵開發更多亞洲航線，並先後邀請多個港口加盟，增強郵輪公司發展東亞郵輪市場的信心，吸引郵輪公司將香港及其他合

2016 年，英國皇后郵輪船隊（Cunard Line）首度將香港列入年度環遊世界航線。

作港口列入其航程內。今年全年停泊於本港的郵輪將達 175 船次。單以啟德為例，今年將有 90 船次的郵輪停泊，明年更高達 162 船次。

今次郵輪訪港特別之處，除了是「量」之外，在「質」上都有變化。是次帶來的旅客消費能力較高，而且以「飛航郵輪」（fly-cruise）形式來港，即是旅客會乘飛機來港，逗留數天後上船，或乘船到港後在本港停留，故留港時間會比較長。

在郵輪旅遊的硬件上，碼頭是其中一個重要元素。啟德

郵輪碼頭由啟用至今不斷改進，當中，接駁交通工具例如穿梭巴士、的士數量現在尚未足夠，未能徹底改善遠離市中心及旅遊景點的不利。香港一直在努力打造「好客之都」的形象，旅客來到香港有賓至如歸的感覺相當重要，而完善的交通配套服務是「好客之都」的重要標誌之一。在區內其他郵輪碼頭，例如：日本橫濱、新加坡的濱海灣（Marina Bay）的郵輪碼頭都毗鄰市中心，旅客落船後很容易找到消閒活動。所以，早前有建議講及，考慮設立水上的士，由啟德郵輪碼頭以水路直駁尖沙咀、中環，甚至大嶼山不同景點，可能都係一個方法。

　　國際郵輪協會的統計數字顯示，2013 至 2015 年，亞洲郵輪旅遊業的平均增長率高達雙位數字，亞洲旅客已成為眾多郵輪公司的新目標。不過，我哋要知道，鄰近地區對郵輪旅遊這塊「肥肉」，虎視眈眈。我在本專欄都講過，肥肉入口要肥而不膩，鬆軟香口，首重烹調方法。因此，我們還得加倍努力，開發迎合不同檔次客羣的郵輪旅遊產品，不斷打造「好客之都」形象，維持香港郵輪旅遊的長遠競爭力。

2016 年 4 月 1 日

古典電車變身「流動酒吧」

香港國際七人欖球賽落幕，港隊表現神勇。雖然力戰不敵日本，無緣晉身世界巡迴賽，但已取得歷來最佳成績，為香港打咗漂亮一仗。一年一度的 Hong Kong Sevens 唔單只係國際體壇盛事，亦係 mega event，每年都吸引全球欖球好手及數以千計的球迷齊集香港。今年嘅賽事亦不例外，一連三日賽事的門票一早售罄，除了本港球迷之外，不少高消費的過夜旅客亦專程來港觀賽。

為咗畀旅客和欖球迷帶來更多嶄新體驗，旅發局今年別出心裁推出「香港國際七人欖球賽電車酒吧」（Hong Kong Sevens bar tram）。我們與香港欖球總會、香港電車有限公司合作，將三部古典電車佈置成「流動酒吧」，希

2016 年，旅發局推出「香港國際七人欖球賽電車酒吧」，將三部古典電車佈置成「流動酒吧」。

望將七人欖球賽的歡樂氣氛延續至球場之外，讓旅客從另一角度感受香港夜間嘅都市繁華。三部電車上星期一連五天，免費接載旅客暢遊港島鬧市，欣賞別具懷舊特色的西港城，又可慢活走進璀璨繁盛的銅鑼灣，既可與朋友開懷暢飲、投入熱鬧派對，又可體驗香港的迷人街景，沿途更可與途人揮手互動。

此外，旅發局還特別推出「酒吧指南」，為旅客介紹港九特色和人氣酒吧。世界各地嘅旅客和球迷一場嚟到，當然要俾佢哋體驗下本港熱鬧的夜生活。

Hong Kong Sevens 已踏入第 41 年，早已成為世界體壇盛事，亦有助強化香港作為「亞洲盛事之都」的形象。旅發局今次利用政府的額外撥款首度推出「電車酒吧」，希望為比賽助慶之餘，亦為旅客和市民帶來更多新鮮感。香港素有「旅遊之都、盛事之都」的美譽，要 keep 住遊客對香港嘅興趣，我哋就要諗更多新點子開拓新客源。舉辦各種 mega event 正是其中一個推廣策略，希望可以吸引旅客，為香港帶來更多商機。

2016 年 4 月 15 日

打造龍舟歡樂派對

端午節，在香港不單是中國傳統節慶，更是熱鬧的體育盛事。

上周五至周日，由香港龍舟總會主辦、旅發局合辦、盛事基金贊助的「香港龍舟嘉年華」一連三日舉行。「香港國際龍舟邀請賽」是世界上歷史最悠久的現代龍舟比賽之一，每年均吸引世界各地的強隊專程參加。今年是賽事四十周年，更首度移師中環海濱舉行，並特別增設「香港盃」賽事，來自 14 個國家及地區、超過 4,000 名龍舟健兒於海上激戰，爭奪 24 項錦標。

水上賽事熾熱，陸上狂歡當然必不可少。「啤酒節」是龍舟嘉年華嘅另一焦點，場內除了源源不絕提供冰凍啤

「香港龍舟嘉年華」於 2016 年踏入四十周年，首度移師中環海濱舉行，並特別增設「香港盃」賽事。

酒，更增設全新的「啤酒瓶龍舟拍攝區」及「迷你人力賽車」。同場更有陸上龍舟邀請賽、啤酒競飲大賽等豐富活動。大會還邀請到人氣歌手和樂隊包括盧凱彤、Supper Moment、周國賢、閻奕格及 LMF 等現場表演，增添熱鬧氣氛。由於我在周末要赴上海出席電影節，本安排了飛機於周日大清早趕回港出席活動，可惜天公不造美，航班 delay，我也困在飛機乾等了三個半小時。飛機抵港落地後就火速趕去中環，好在，仍趕得切為龍舟健兒們頒獎。

　　旅發局積極舉辦各種 mega event，加入新元素，希望

可以 keep 住旅客對香港嘅興趣同新鮮感。今屆嘉年華於全新場地舉行，無論水上競渡還是陸上娛樂項目都有新嘗試，希望帶俾旅客及市民更豐富的旅遊體驗。雖然三天活動都受天雨影響，然而，中環海濱空間寬敞，交通方便，實在適合舉辦國際龍舟賽事及各項大型活動。今次嘉年華，不少合作伙伴及龍舟健兒也表示，滿意新場地的位置及配套安排。有咗今年嘅經驗，相信明年嘉年華，我們會做得更好。

2016 年 6 月 17 日

3D 光雕 show 載譽重來

旅遊對我來說不單是公共服務,更是我熱愛鑽研的興趣及課題。無論為公務定係假期到世界唔同地方遊歷時,在網絡也好、在報紙電視也好,一談及香港,代表香港的圖片,九成都係維多利亞港、文化中心、鐘樓,佢哋已經成為咗香港的地標。如果你嚟香港沒有看過維港,就真係唔係好算嚟過香港。而喺尖沙咀維港一帶,最受歡迎的景點,當然唔少得鐘樓同埋香港文化中心。

由旅發局主辦的新一輪「閃躍維港」3D 光雕匯演載譽重來,今晚就喺文化中心及尖沙咀鐘樓拉開序幕。躍動的光影、強烈的節奏,簡直係視聽雙重震撼。今次「閃躍維港」3D 光雕匯演以全新概念呈現,有別於以往在文化中

心外牆的平面投影，今次匯演範圍將伸延至文化中心廣場整個空間，近 60 組激光將從廣場四方八面交織投射，為觀眾帶來更豐富及具層次感的立體視覺效果。

今次我們更首度引入互動元素，讓觀眾「有得睇、有得玩」。尖沙咀鐘樓會變身成互動遊戲「Fun-O-meter」，大家只要去到香港文化中心廣場的水池位置，按一下個屏幕，就可以喺鐘樓外牆上，睇到自己的 Fun Fun 指數；想知道自己有幾 Fun，就梗係要自己嚟親身試下啦。同場仲有由澳洲嚟嘅 DJ，着住件特製發光舞衣，在強勁音樂燈光下狂舞，十足十派對狂熱。

唔知大家仲記唔記得，香港 2014 年首次推出「閃躍維港」3D 光雕匯演，呢三年以來，有夏日海底世界、沙灘城堡奇幻場景，有冬日聖誕精靈、聖誕鹿等不同主題內容的 3D 光雕匯演在維港上演，吸引不少旅客及市民觀賞。其實，悉尼、東京、台灣等多個城市都曾上演立體光影 show，但有朋友同我講，香港嘅光雕匯演，加上維港兩岸夜景做襯托，真係 fit 到爆。

近月訪港旅客走勢回穩，根據旅發局數字，六月訪港旅客跌幅收窄，而來自國際市場及內地的過夜旅客數字都錄得增長。我們會繼續努力，為旅客精心籌劃一連串多姿

多采的節目，令我們的市民、令各地的旅客能好好地享受這個難忘的夏日之旅。

2016 年 8 月 5 日

香港青年發揮好客精神

近年外圍經濟不穩，旅遊、零售等面對一浪接一浪嘅挑戰。政府為咗提升香港旅遊競爭力不遺餘力；而旅發局亦集中資源向海外市場推廣，主力吸引高增值過夜旅客，為香港旅遊保持活力同埋新意。以前宣傳香港旅遊嘅廣告都話「香港嘅旅遊業，你同我都有份」。近來，我哋香港又有新一批青年生力軍，接力為香港推廣好客形象。

昨天，我出席咗由旅遊事務署、香港青年協會及優質顧客服務協會舉辦的「2016/17 香港青年大使委任儀式」，253 位青年朋友獲委任為今年度「香港青年大使」。新委任的青年大使於暑假完成受訓，佢哋將會喺嚟緊呢一學年，駐守香港不同旅遊點，例如：海洋公園、昂坪 360，

2016/17 年度共有 253 名「香港青年大使」，駐守不同旅遊點及參與大型旅遊盛事，接待旅客並提供旅遊資訊。

以及參與大型旅遊推廣盛事，包括由旅發局主辦的「新春花車巡遊匯演」；佢哋仲會接待旅客同提供玩樂情報等旅遊資訊。青年大使更會在校園和社區組織活動，推廣好客、優質服務文化。呢個計劃，全年無休，讓青年人持續貢獻社會。而喺過去一年，一眾青年大使為旅客同埋市民提供超過 30,000 小時服務，我代表旅發局向其中超過 130 位表現優異的青年大使，頒發金、銀、銅服務獎章，以示讚揚青年人對香港旅遊付出的汗水和努力。

其實，香港有好多有心人為旅遊業出心出力。可喜的是，上月旅客數字回穩，七月份結束長達一年多的跌勢。

旅發局日前公布最新訪港旅客數字，整體訪港旅客回升2.6%，其中內地旅客數字止跌回升，短途和長途旅客分別錄得 5.3% 和 2.6% 升幅。

要 keep 住增長勢頭，旅發局會繼續集中資源吸納高增值過夜客，並會推出中小型企業會議、獎勵旅遊及國際會議訪港團體資助計劃。今年下半年，旅發局仲會舉辦單車節、美酒佳餚巡禮，並協助推廣首屆電動方程式賽車錦標賽等盛事，又會推廣晚間賽馬等活動，重新 package 本地特色活動。我知道，香港青年大使的生力軍亦將參與更多旅遊推廣活動之中，與我們不同 generation 的香港人，一齊催旺旅遊業，保持香港長遠競爭力。

2016 年 8 月 19 日

全城運動熱

里約奧運周一閉幕。本屆奧運令我印象深刻，一是中國女排，佢哋表現神勇，一路殺入決賽並硬撼「黑馬」塞爾維亞勝出，事隔 12 年再次奪金，為中國贏得殊榮；二是港隊運動員，連日來亦表現神勇，再次於國際體育舞台上展現香港精神，令到更多香港人關注體育發展，仲有小朋友話長大後希望可以成為運動員，要為香港增光。明日，國家隊運動員將抵港與市民接觸，延續奧運熱潮。

運動近年喺香港成為咗一個 trend，亦愈來愈多 mega event 係同運動有關。就喺上星期，一連九天由「全城街馬」主辦的「香港跑道節」喺香港的 CBD 中環鬧市舉行。我出席咗上星期日嘅壓軸賽事——「香港街馬 @ 中環 2016」，

一連九日的「香港跑道節 2016」在中環鬧市舉行，壓軸賽事當天清晨雖有雷暴大雨，但無減跑手熱情。

為「懷舊香江 5 公里」的兩場賽事鳴槍。當天清晨，雖有雷暴大雨，但都無減跑手熱情，起跑前大家互相 cheer，非常興奮。有跑手賽後仲同我講，水戰嘅感覺唔錯，而且因為落雨令氣溫降低，喺一條 5 公里平坦賽道，真係分分鐘會做到 PB（Personal Best，個人最佳時間）。

香港每年都會舉辦各類競跑活動，但礙於場地所限，

為減少因為封路而帶來嘅影響，活動一般會在清晨開始，盡快結束，難有其他元素。今次「香港跑道節」，將跑步與慈善、嘉年華等結合，加入本地特色，一連九日每日舉辦不同主題的跑步活動，除咗「香港街馬」，仲有跑入元創坊、永利街、蘭桂坊等大街小巷的「中環街後跑」；結合音樂的「敢動尊嚴 2016」、仲有外國都幾興嘅啤酒派對跑 Beer Run；甚至乎有生死教育意義的「盂蘭跑」等。活動有不少青年朋友及運動好手參加，承住全城運動熱潮，更讓運動融入生活。

講到運動熱潮，旅發局將於下個月再度舉辦大型體育盛事「香港單車節」。今屆單車節報名踴躍，「50 公里個人組」名額短短幾個鐘就迅速爆滿。為咗讓更多單車選手參賽，上星期我們更特別調撥多 250 個名額到個人組。作為「香港動感十月」系列活動，我們更會將單車節連同十月在港舉行的其他體育盛事，包括「國際汽聯電動方程式賽車錦標賽」以及「香港網球公開賽」等，pack 埋一起向旅客推廣，希望吸引更多旅客來港，參加和欣賞各項緊張刺激的賽事，為香港拓展更多商機。

2016 年 8 月 26 日

一睹國家隊健兒風采

回歸以來，每屆奧運結束之後，中央都第一時間安排運動員訪港，與市民近距離接觸，分享佢哋嘅喜悅同心路歷程，今次也不例外。上個周末，國家隊奧運精英運動員一連三日訪港，市民紛紛排隊撲飛，一睹運動員風采，喺香港再次掀起奧運熱潮。

星期六晚，特區政府喺灣仔會展中心筵開 19 席，歡迎訪港嘅奧運精英，我亦有出席晚宴。現場播放長約 6 分鐘的比賽精華片段，再現一眾國家隊運動健兒在里約奧運賽場上的精彩一刻，並以女排隊長惠若琪奪金一下扣殺作結，現場掌聲雷動。諗番起睇直播果陣，見到女排硬撼「黑馬」塞爾維亞勝出，事隔 12 年再次奪金，的確好興奮。

三日行程緊張，一眾精英運動員不辭辛勞，連日來到訪不同社區、學校、商場等，與市民面對面互動交流。兩位潮籍金牌得主傅海峰及林躍，星期一就專程去到香港潮商學校同學生分享經驗，仲一齊打羽毛球、跳大繩，我都有去撐場支持。不少學生爭住同佢哋 selfie 留念，林躍就鼓勵大家，追逐夢想係先苦後甜，每個人都走在追夢嘅路上。佢哋仲話，每次去到世界各地比賽，見到同胞在場打氣，異國他鄉可以感受到「架己冷」（自己人）嘅支持鼓勵，真係好感動。

　　今屆奧運港隊運動員亦表現神勇，再次展現香港精神，令到社會更加關注體育發展。香港與內地在體育方面其實早有合作，港隊李慧詩的教練沈金康正是來自內地，為香港成功培養多位單車選手。我哋好多小朋友都鍾意體育，希望長大後可以成為運動員，如果兩地可以有更多合作，一齊培養青少年，發掘佢哋潛能，相信將來會有更多香港運動員登上奧運領獎台，為國為港增光。國家隊和港隊無分彼此，無論邊隊奪得獎牌，都值得我們驕傲，因為大家係「架己冷」！

　　延續全城運動熱潮，嚟緊第二屆「香港單車節」9 月 25 號登場，而將於明年 2 月舉行嘅「渣打馬拉松 2017」，

今個月亦開放公眾報名，74,000 個名額等住大家。各位
運動好手係時候熱下身，參加新一輪體育盛事，一齊努力
讓香港體育可以走得更遠。

2016 年 9 月 2 日

打響動感十月第一炮

上星期日，由旅發局主辦嘅第二屆「香港單車節」舉行，今屆共設有 9 項活動及比賽，係本港歷來最大型的單車活動，吸引超過 4,600 名本港及國際單車選手參加。

清晨五點半，近 2,300 名參加 50 公里挑戰組賽事嘅選手首先出發。今年挑戰組賽事由 35 公里延長至 50 公里，賽道首次覆蓋「三隧三橋」，途經長青隧道、汀九橋、青馬大橋、南灣隧道、昂船洲大橋、尖山隧道，返回尖沙咀終點。比賽之後，有選手同我講起步時間太早，話踩完 50 公里返到屋企，佢太太都未起身。其實，我哋都已經盡量喺賽事的可觀性及公眾交通便利上取個平衡。當日，有好多選手都話比賽沿途可以飽覽香港美景，青馬大橋同

第二屆「香港單車節」共設有 9 項活動及比賽,吸引超過 4,600 名本港及國際單車選手參加。

昂船洲大橋景色就最正;而新增的尖山隧道有長命暗斜,考驗選手爬坡耐力,具有一定挑戰性。

　　汲取去年經驗,大會今年作出了多項改善,好似調整咗 50 公里同 30 公里組的出發時間,以避免出現兩組爭路。大會亦於沿路設置更多指示牌,並加派工作人員在窄路調頭位置,提醒參加者減速,希望加強保障參加者的安全。今次賽事順利舉行,亦有賴參與車手的專業表現及配合。我們會因應參與人士、合作機構等的意見,持續改進,希望令單車節成為香港主要的體育盛事之一。

另外，我都想同大家分享嘅係，今年有一些視障或聽障人士挑戰 50 公里組項目。佢哋兩人一隊，聽障者坐前方負責帶路，視障者後座主力俾力踩。為咗今次活動，我知道佢哋相當勤力，每個星期都出動練車，仲話希望累積經驗出戰台灣環島單車賽，絕對係精神可嘉！

今次單車節，成功為「動感十月」系列活動打響頭炮。嚟緊下個月，香港仲會舉辦網球公開賽、三項鐵人賽、渡海泳、電動方程式賽車錦標賽等多項體育盛事。希望可以再次掀起運動熱潮，為香港吸引更多旅客，鞏固「盛事之都」的地位。更希望藉大型活動漸趨成熟，幫助旅遊業發展。

2016 年 9 月 30 日

考察西藏

　　上周末，趁住兩日國慶假期，首次踏足西藏。今次去西藏，並不是遊山玩水，而是去考察廣東省援助西藏的經濟民生和社會發展情況。廣東省對西藏的援助始於 80 年代，近年的投資及援助更有增無減。今次我們一行十多名港澳人士，是應廣東省政府的邀請，落地到西藏林芝市，了解當地的社會發展情況。

　　抵達林芝米林機場，一落機，第一感受就是空氣清新。我們首站就去視察魯朗國際旅遊小鎮項目。魯朗位於林芝市巴宜區東部，藏語意為「龍王谷」，即係「靚到好似神仙住嘅地方」。林芝魯朗國際旅遊小鎮，是廣東省援藏重點項目，致力打造突顯藏族文化、自然生態、聖潔寧

靜的國際旅遊小鎮。魯朗的森林覆蓋率有八成，川藏鐵路橫穿全境，當地生態資源同埋民俗文化，為旅遊發展打下良好基礎。在 2010 年，林芝市廣東援藏工作組便提出，將魯朗打造成為「國內外知名的旅遊小鎮、藏東南旅遊集散中心和西藏重要的旅遊地標」。整個投資，接近 32 億元人民幣，當中包括酒店、商業步行街、養生古堡等。聽當地官員講，呢個項目，係西藏發展生態旅遊景點的 pilot scheme；希望以旅遊景點，帶動當地經濟及民生發展，促進投資。

之後，我們亦實地考察了魯朗小學、西區綜合服務區、遊客中心、魯朗小鎮鎮區商業街廣場等公共服務基礎設施。當中，魯朗小學令我留下深刻印象。廣東省不單從經濟發展着手援助，更固本培元，從兒童年青人的教育入手，讓知識改變命運。據我所知，廣東省不單支持學校的興建費用，在軟件上，譬如：教學資源分享、教育資訊化、專業人員培訓上，亦陸續開展。

今次旅程雖短，體會甚深。兩天之旅，雖然路途遙遠，來去匆匆。不過，實地考察，比起坐在辦公室的電腦前做 research，來得更緊貼民情，亦再一次引證了中國崛起，不只是靠一己之力，而是八方支援，體現中華民族的

團結，我們才有今天的成就。

　　最後，不得不提一句，當地的石頭雞鍋，真係無得頂！

2016 年 10 月 7 日

Formula E 要成為香港體育盛事

一連兩日的 Formula E 電動方程式錦標賽香港站，上周末在中環海濱上演。賽會宣佈，吸引約兩萬人次進場。我星期日都有入場欣賞，場內氣氛唔錯，仲見到唔少車迷，喺場外 IFC 商場同埋附近行人天橋圍觀，大家都用唔同方法在場內場外參與呢場香港盛事。

Formula E 幾經波折終於可以落戶香港，體育競技之外，仲可以向外宣傳香港，為旅遊業帶來活力。今次 Formula E 將中環 CBD 化身賽道，以維多利亞港為背景，途經香港大會堂、IFC、中環渡輪碼頭等地標，算得上係香港最正地段之一。今次雖然係香港第一次在中環辦賽車賽事，不過，依我現場所見，氣氛不俗。雖然，沒有一

般賽車的電油味，卻為香港人在中環核心區帶來了一場咁有速度嘅運動。當然，我都聽到，有老友或許說賽事安排仍有進步空間，譬如部分賽道可以闊啲長啲。不過，今次只係香港首度舉辦 Formula E 呢項大型賽事，我相信大會一定會累積經驗，研究未來如何優化，使活動能夠搞得越來越好。另外，有朋友同我講，部分大會門票好似有啲貴；但其實我們都明白，籌辦賽車所花的資金絕對唔少，其他地區的賽車門票收費可能仲高昂。我覺得，新加坡有 F1 吸引賽車遊客，而我哋香港依家都有 FE，相信可以為香港的旅遊業帶來新動力同新元素。

其實，澳門也好、新加坡也好，賽車每年都會吸引世界各地的車迷慕名觀賽，為當地帶來旅客。如果 Formula E 可以固定成為香港年度體育盛事，搞得更加有聲有色，絕對有助維持旅客的新鮮感，擴大客源，吸引旅客再來。我相信，舉辦更多盛事，絕對有助推廣香港、亦為旅遊業發展帶來更多機會。最重要，係可以鞏固香港作為「亞洲盛事之都」的地位。

2016 年 10 月 14 日

郵輪旅遊愈做愈好

上星期六，大型豪華郵輪「雲頂夢號」(Genting Dream) 由香港啟航，係首次有大型郵輪選擇全年以香港作為母港。同日，深圳蛇口太子灣郵輪母港亦正式啟用，粵港兩地同日迎新，對於區域郵輪旅遊發展嚟講，絕對係雙喜臨門。

就喺星期六嘅啟航典禮上，雲頂夢號所屬「星夢郵輪」總裁邀請我同一眾關心香港旅遊嘅官員，包括局長、常秘、專員等，一齊登船參觀。雲頂夢號高 18 層，排水量 15 萬噸，設施齊全，可容納 3,400 名旅客同 2,000 名船員。總裁帶我哋遊覽全船，我覺得最特別嘅，就係船上載有兩隻小型潛水艇。佢哋話，喺一啲水清嘅海域，坐喺隻

2016 年 10 月，大型豪華郵輪「雲頂夢號」（Genting Dream）由香港啟航，是首次有大型郵輪選擇全年以香港作為母港。

潛水艇入面，真係好似同海入面啲魚擦身而過一樣。無論商務款客，定係甜蜜求婚，都係一流嘅選擇。另外，一定要提嘅，係船上有個有多條賽道嘅保齡球場，總裁同我哋打趣講，佢地有個「最低分」嘅記錄；事關郵輪在海上航行時，會隨波浪有輕微晃動，真係分分鐘保齡高手，都會全部落坑咁話。

除此之外，船上共有九間餐廳，提供多國菜式。當中，有香港人至愛嘅 hot pot 邊爐，你都咪話唔正。如果講到夜生活，船上仲有新加坡最大嘅 Disco 品牌，食飯、飲嘢、跳舞直落一流。船上嘅設備同娛樂，真係由一家大細到年青活

力去到商務款待都有。局長仲同我哋講笑話:「船上咁多好嘢玩,今次真係上船容易落船難。」

今次佢哋調派呢艘豪華郵輪,以香港及廣州南沙作為聯合母港,主攻亞洲市場,提供不同旅程,正正是看好區域郵輪旅遊市場嘅發展規模同潛力。旅發局一直致力於吸引更多高消費旅客訪港,近幾年積極拓展郵輪區域合作。早在 2014 年,已經與台灣觀光局合作成立「亞洲郵輪專案」,並先後邀請區內多個港口加盟,增強郵輪公司對發展香港郵輪市場嘅信心,鼓勵開發更多亞洲航線。

我們相信,隨着郵輪旅業發展漸成規模,香港旅遊業發展將更加多元化。香港亦要把握「一帶一路」發展機遇,與廣東、海南等鄰近港口攜手合作,積極開拓東南亞市場等不同客源,朝着共同開發國際郵輪精品航線而努力。

2016 年 11 月 18 日

維港煙火迎 2017

　　新一年就嚟到，旅發局每年都會舉辦除夕煙火倒數。與所有市民一齊迎接新年，亦令香港成為全球其中一個聚焦點，吸引不少各地旅客專程訪港觀賞。下星期六晚，「2017 香港除夕倒數」就會於維港及港島區多幢建築物舉行，為市民和旅客送上新年第一份祝福。

　　今次煙火倒數，係旅發局首個慶祝香港特區成立二十周年的活動。我哋將擴大規模，打造成一個跨年盛會。除夕夜晚十點，首先拉開序幕係今年新增於尖沙咀碼頭近星光行一帶舉行嘅街頭派對。旅發局特別邀請一眾年青歌手同組合參與表演，同大家一齊迎接新一年。除此之外，位於中環、金鐘、灣仔一帶六座建築物樓頂，將會於晚上

11 點開始，每隔 15 分鐘發放「許願流星」煙火，大家要抓緊機會許個新年祝願。

當晚焦點，當然係子夜嘅「煙火音樂匯演」。今年，我們將煙花匯演由以往嘅 8 分鐘延長至 10 分鐘，包含煙花、音樂及燈光等豐富元素，並引入多款全新煙花圖案。海面上亦會首度引入靈感來自北極光的特別燈光效果，務求令匯演更加精彩。香港除夕煙花每年都吸引不少國際傳媒大篇幅報導，今年旅發局會繼續以人造衛星即時發放匯演盛況，更會透過主要社交媒體和視頻平台網上直播，令身處全球各地嘅朋友，都可感受到香港慶祝新年嘅歡樂氣氛。

回顧 2016 年，外圍環境雖然有唔少變動，影響到旅遊業嘅整體表現。不過，喺整個業界共同努力之下，來自國際市場嘅過夜旅客數字，喺頭 11 個月都有增長。無論來自長途同短途市場嘅旅客，都有所增加。至於內地市場，近月嘅跌幅亦都逐步有所收窄。展望新一年，我們要繼續提升香港旅遊吸引力和競爭力，為旅遊景點注入新元素，開發更多新嘅旅遊產品，舉辦各類盛事活動，豐富旅客嘅訪港旅遊體驗。最後，祝願新一年，香港百業興旺。

2016 年 12 月 23 日

西九文化旅遊新發展

一直以來，香港都係中西文化交匯嘅地方。就喺我中環辦公室附近，不單有現代的商業大廈，更有古色古香的傳統建築，以及為數唔少嘅傳統富中國特色嘅樓宇。香港，就係一個融合古今、匯聚中西的國際都會。如果有人話香港係文化沙漠，我絕對唔認同。獨特的歷史文化底蘊，正是香港魅力所在，讓世界各地旅客慕名而來。近日政府計劃，於西九文化區興建「香港故宮文化博物館」，並與北京故宮博物院合作，定期展出故宮珍藏，相信將會有助加快推動本港文化旅遊發展。

喺西九興建故宮文化博物館，係一件好難得嘅好事。大家知道國家對文物出口有嚴格限制，故宮博物院的院藏更係中國歷史文化嘅精萃，一向不會長期外借珍藏。今次故宮與香港攜手合作，提供逾千件故宮珍寶在香港長期

展覽，當中更有首度公開的珍品，不單顯示國家對香港嘅重視同支持，亦有助突顯香港中西文化交流薈萃的特點。

Art Basel 在香港辦得十分成功，唔少市民同埋旅客都慕名而至。如果我們將來可以在香港展示故宮珍藏和精彩的西洋藝術珍品，中西合璧，絕對有助提升香港文化樞紐的地位。興建「香港故宮文化博物館」，不但可與西九文化區的 M+ 藝術博物館等互相配合，更可全面展示傳統與現代、中國與世界的文化藝術，形成獨特的世界級文化博物及藝術展覽羣。文化和旅遊，更加係相輔相成。

從旅遊發展的角度來看，故宮文化博物館亦係一項重要嘅旅遊基建。近年社會掀起一股文化旅遊熱潮，不少文化旅遊景點，譬如大嶼山的天壇大佛、尖沙咀的科學館、藝術博物館和歷史博物館，以至位於沙田的文化博物館等等，都是訪港旅遊嘅熱點。至於港島方面，中環及上環都係一個好有歷史同文化藝術特色嘅地方，所以旅發局都計劃將兩區拼合重新包裝，向世界各地旅客推介。我亦相信，未來故宮文化博物館落成後，將成為一個既獨特又矚目的旅遊景點，增強本港旅遊業的競爭力，吸引更多高消費的過夜旅客來港，這對於推動旅遊業發展係一件美事。

2017 年 1 月 6 日

大年初一行大運

恭喜發財，祝大家新年行大運！

農曆新年，是許多人一年中最期待的節日。記得小時候，老人家話過年最緊要係有「年味」，享受一家團圓嘅傳統節日喜慶氣氛。香港每年都有好多「年味」十足嘅賀歲盛事，包括年宵花市、花車巡遊、煙花匯演、賀歲賽馬等等，旅發局亦一直有推廣這些應節活動，希望可以吸引更多旅客來港過年，體驗別具本地特色的「年味」。

明日（大年初一）晚上，由旅發局舉辦的「新春國際匯演之夜」將於尖沙咀舉行。今年係香港回歸二十周年，而今次新春匯演係旅發局慶祝回歸嘅重點活動之一，將以「開年、開運、開心」為主題。當晚除了展出 10 部美輪美

奐的花車外，更有 26 支中外表演隊伍，共約 3,000 人參與演出，規模係歷年來最大。表演包括啦啦隊、舞蹈、魔術、雜技、鼓樂、花式單車、花式跳繩等等，絕對係多姿多采。除此之外，今年我哋亦增添更多新意，於匯演開始前沿巡遊路線向旅客同市民派發約 13,000 個開運福袋，仲會有由俄羅斯遠道而來的「糖果大師」，一邊跳舞、一邊向觀眾獻上造型別緻的棉花糖，希望帶界大家一個甜甜蜜蜜嘅雞年。

香港不少地方都好有特色，新年要行大運，旅發局還特別為市民和旅客精選推介 20 個好運景點。當中更包括針對十二生肖的不同開運景點，遍佈全港多個地區。嚟緊幾日大家不妨去呢啲開運景點行返轉，「行大運」之餘，亦可以探索不同地區嘅特色，一舉兩得。

睇番 2016 年，雖然受到環球經濟、匯率等多種因素影響，訪港旅客總數出現跌幅，不過國際市場方面，無論長途和短途數字都有不俗升幅，而來自韓國、泰國、菲律賓的過夜旅客更突破紀錄。今年，預期本港旅遊業發展仍然充滿挑戰，要發展旅遊，除咗要發展旅遊基建，亦同時需要加強 mega event 和海外推廣。雖然今年好多基本因素仍不算太明朗，但我哋會繼續迎難而上，希望吸引更多過夜旅客訪港，

為香港帶來更多商機。乘辭舊迎新之際，在這裏祝各位讀者雞年大吉大利，更祝香港新一年風調雨順。

2017 年 1 月 27 日

水原希子宣傳香港旅遊

今日係大年初七、人日。祝願人人生日快樂！喺度我都要許番個願：希望香港的旅遊業愈來愈興旺。

發展旅遊，需要開拓不同的客源市場，近年旅發局加大力度向海外市場推廣香港，重點吸引過夜旅客。最近我哋再次出擊，去到台灣、首爾、北京和曼谷等周邊地區，向當地旅遊業界及傳媒推介全新香港品牌「盡享 ‧ 最香港」(Best of all, It's in Hong Kong)。最新一站係上星期嘅東京。

我經常都諗，點樣先可以更好地向旅客推介香港特色。喺東京舉行嘅發佈會，旅發局推出以時尚、美食、親子遊，以及大自然景色為主題嘅四個全新宣傳片，由香港

水原希子分享香港旅遊體驗。

水原希子及今田洋輔獲頒「星級香港迷」證書。

人嘅角度去遊歷香港、感受香港，帶領旅客跟隨我們的腳步發掘最地道的旅程。其實，好多旅客都嚟過香港，今次我哋推出「盡享 · 最香港」嘅概念，正正希望向旅客介紹「最香港、最 local」一面。就好似四段新短片中，食雲吞麵、幫襯大牌檔、逛金魚街、深水埗布街、大澳等等，品嚐香港人鍾意嘅地道美食，走入各區體驗不同景色和文化，領略新舊融合、中西薈萃的都市魅力。

我哋仲邀請到兩位日本「香港迷」義務做「代言人」，一位係近期人氣強勁嘅影星——水原希子，另一位係銀座久兵衛主廚——今田洋輔，佢喺日本飲食界地位崇高。好榮幸有呢兩位分量十足嘅名人現場同大家分享香港旅遊體驗，我亦即場頒發「星級香港迷」證書多謝佢哋支持。至於香港點樣「俘虜」兩位「星級香港迷」？其實水原希子嚟過香港好多次，已經好熟悉呢度，佢除咗推薦旅客去南丫島食海鮮體驗漁村悠閒之外，原來佢每次嚟到，都一定晨早起身去食皮蛋瘦肉粥，絕對係佢至愛！而且我真係估唔到頂級大廚今田洋輔，亦都同我一樣鍾情香港地道美食，仲從中搵到靈感創作壽司。

過去一年，訪港的過夜旅客約有 2,655 萬人次，約佔整體訪港旅客近五成，其中以短途市場的升幅較為顯著。今年，旅發局會繼續加強海外市場嘅推廣，以及舉辦 mega event 並加入更多新元素，希望可以吸引更多過夜旅客，做旺本港旅遊業，做足「好客之都」的宣傳。

2017 年 2 月 3 日

齊齊分享回歸喜悅

今年係回歸二十周年，旅發局希望藉此契機，豐富訪港旅客旅遊體驗，帶旺旅遊業發展。上星期五，蘇錦樑局長同我哋一齊，去到機場入境大堂，為抵港旅客派發「慶祝香港特別行政區成立二十周年禮遇精選」小冊子，同埋由一眾合作夥伴送出嘅紀念品。

至於今次派發嘅呢本精選禮遇小冊子，係由旅遊事務署、旅發局攜手推出，特別邀請本地 21 個旅遊景點及業界夥伴，為旅客提供多項優惠，希望豐富旅客在港嘅體驗。小冊子入面嘅優惠相當多元化，當中包括景點門票、交通、觀光遊、餐飲及購物等，超過 40 項由本地景點同業界夥伴提供嘅優惠及禮遇。旅發局會通過轄下各旅客

2017 年，旅發局向旅客派發「慶祝香港特別行政區成立二十周年禮遇精選」小冊子及紀念品。

諮詢中心、本港多間酒店及旅行社等，派發超過 80 萬本小冊子，讓旅客可以盡情感受到香港嘅多元特色。

旅遊業發展挑戰重重，面對周邊城市競爭，正如蘇局長所言，香港依然富有吸引力。每年有 5,000 至 6,000 萬旅客來港，呢個數字絕對唔簡單。睇返數字，今年頭兩個月，累計訪港旅客增長 1.4%，當中短途市場表現唔錯，升幅達到 4.4%。至於同期嘅過夜旅客就增加 4.5%，我好開心。3 月份上半月嘅初步數字，亦顯示升勢延續。內地

及國際市場都錄得增長，可以話係一個好嘅開始，希望良好嘅勢頭可以延續落去。

　　旅發局近年舉辦多項大型旅遊盛事，希望吸引更多旅客，豐富佢哋嘅旅遊體驗，擦亮香港「盛事之都」嘅招牌。適逢今年係回歸二十周年，我哋嘅盛事活動亦會加碼。旅發局正籌劃今年夏日喺中環海濱舉辦大型嘉年華，除此之外，嚟緊嘅「龍舟嘉年華」、「香港單車節」、「美酒佳餚巡禮」等亦都會加入慶祝元素，希望可以有更多新意，讓旅客進一步感受到香港多元化嘅旅遊魅力。

2017 年 4 月 7 日

「舊城中環」的都市魅力

香港雖然係彈丸之地，不過，喺每個區入面，都有佢獨特嘅生活文化，亦都有講唔完嘅故仔。而旅客去到一個地方旅行，好多時候都鍾意捐窿捐罅，深入體驗地道文化。中環係香港開埠初期最早開發的地區之一，雖然現時該處摩天大廈林立、金融商業機構聚集，但當中仍有唔少地方，依然保存着往昔風貌。中環可以話係香港歷史發展的重要標記，係本港融合古今、薈萃中西嘅寫照。而喺上星期，旅發局就啟動咗「舊城中環」推廣計劃，透過重新整合中環同上環一帶嘅多元特色，吸引旅客更深度地體驗香港獨特嘅生活文化。

「舊城中環」所覆蓋嘅範圍，東起雲咸街、南至堅道、西連水坑口街、北接皇后大道中，並以本地其中一條最早

旅發局於 2017 年啟動「舊城中環」推廣計劃，重新整合中環和上環一帶多元特色，吸引旅客深度體驗香港生活文化。

建成的街道——荷李活道為主軸。配合「舊城中環」推廣，旅發局亦特別推出 5 條主題漫步遊路線，分別突顯區內歷史建築及地標、藝術文化、美食、時尚生活等元素，鼓勵旅客探索該區富有特色嘅歷史古蹟同地標、廟宇、藝廊、老字號、潮流小店、餐廳同酒吧等種種類型不同，卻完美並存的好去處。希望旅客走過這些漫步遊路線，從不同角度深度體驗香港的地道特色，感受中環嘅獨特風貌。

　　配合這個推廣計劃，旅發局特別為旅客印製 28 萬本「舊城中環漫步遊」路線指南，並同時設有網上版本，供旅客瀏覽

下載。除此之外，旅發局亦與業界聯手，推廣多個介紹中環豐富特色的導賞團，介紹中環獨特多元嘅吸引力及鮮為旅客所知嘅好去處。另外，為進一步方便自助遊旅客，旅發局也於中環多個地點陸續增設 QR Code，提供「舊城中環」及各推介路線的有關資料。旅發局的「舊城中環」推廣，現時只係剛剛起步，之後仲會陸續加入新元素，使內容更加豐富。旅發局亦有計劃未來會將呢個推廣概念，推展至本港其他地區，希望鼓勵更多旅客深入香港多元魅力，以及發掘唔同地區嘅有趣故事。

另外，我亦想借這個機會與大家分享，3月份嘅旅客數字，整體升咗百分之八點八，而過夜旅客就升咗超過一成，當中內地同短途市場都有雙位數嘅增幅。至於綜合今年首季旅遊業嘅表現，無論整體同過夜旅客均較去年同期上升，內地及國際市場也錄得升幅。我哋好開心見到呢個成績，亦會繼續同各界緊密合作，好好把握增長勢頭，希望為香港帶來更多過夜旅客。

2017 年 5 月 5 日

電競 × 音樂

近年，電子競技漸成新興產業。亞洲奧林匹克理事會早前宣佈，電競將在 2022 年杭州亞運會成為正式比賽項目。電競活動深受各地年輕人歡迎，更有年輕職業選手參加職業賽事，在網上有不少 followers。

旅發局將會喺今年 8 月於中環海濱舉辦一連三日全新「香港電競音樂節」，我哋將會集合電子競技、音樂、同埋美食於一身。呢次亦都係旅發局首個引入電競元素嘅大型活動。當中焦點，就係全球首個「英雄聯盟王者回歸世界邀請賽」，多位來自不同地區嘅「英雄聯盟」職業聯賽戰隊」前成員將會回歸賽場，當中更有世界冠軍級人馬。旅發局會同時與多個網絡平台合作，用 6 種語言直播

旅發局於 2017 年 8 月舉辦一連三日「香港電競音樂節」，集電子競技、音樂和美食於一身。

對戰盛況。

　　至於音樂元素，我哋特別邀請到來自韓國嘅 SM TOWN Special Stage in Hong Kong 首度登陸香港，陣容包括 SUPER JUNIOR - D&E、YESUNG、SHINee、f(x) - Luna、EXO、Red Velvet、NCT 127 以 及 NCT DREAM。佢哋除咗會獻唱自己嘅至 Hit 歌曲外，仲會有好多 crossover 表演。對喜歡 K-Pop 嘅朋友嚟講，一定十分吸引。除此之外，場內仲會展出多款喺本港從未曝光嘅最新電競同電玩產品，俾大家率先體驗。另外仲會有小食同消暑飲品，等大家玩得盡興。

現時訪港過夜度假旅客當中，有超過一半係年青旅客。我哋特別將電競、音樂同美食這些深受年青人喜愛的元素糅合起來，更選擇暑假期間舉行，希望帶來新鮮感，吸引年青客羣。最重要係，我哋希望藉住呢個嶄新活動，鞏固香港「亞洲盛事之都」形象，令旅客一諗起好玩嘅旅遊目的地，就會即時聯想起香港。

2017 年 6 月 16 日

單車盛事升格

旅發局近年其中一個吸引全球旅客的主要策略，就係鞏固香港盛事之都嘅地位。嚟緊 10 月 8 號，我哋會第三年舉辦「香港單車節」。今年，喺各個方面都有所提升，相信可以吸引更多頂級車隊來港作賽，亦會把握機會向海外推廣，增加香港的國際曝光。

單車節嘅焦點活動「國際專業公路繞圈賽」，今年獲國際單車聯盟升格為亞洲巡迴賽其中一站，亦係全港首次舉辦 1.1 級單車賽事。比賽會成為專業計分賽事，以繞圈方式進行，每圈長 5.15 公里，100 位專業車手要鬥 100 公里。目前，國際頂級車隊 ORICA-SCOTT GreenEDGE Cycling 已落實參賽，我哋亦積極邀請更多勁旅來港作

賽，相信今年嘅賽事更加精彩刺激。

我哋都聽咗唔同持份者朋友嘅意見，當中亦包括好多參加者嘅賽後分享，同時亦汲取咗往屆經驗。因此，舊年好受歡迎嘅「50 公里組」，今年，會增加多 300 個名額至 2,600 個。預計整項活動將吸引逾 5,000 人參加，打破以往紀錄。路線方面會繼續橫跨六區及挑戰「三隧三橋」，打氣區亦會擴大範圍，令到更多參加者嘅親友同市民，可以到場觀戰同埋打氣。除此之外，為咗慶祝香港特別行政區成立 20 周年，我哋亦特別加設「20 周年紀念盃」，讓隊制計時賽嘅隊伍角逐。

旅發局仲會積極喺多個客源市場，尤其係短途市場，宣傳呢項盛事，希望可以吸引到更多嚟自海外嘅單車愛好者，來港體驗這項盛事。

香港，就係「亞洲盛事之都」。

2017 年 7 月 21 日

全新光影盛會今晚上演

由旅發局主辦嘅新一輪「閃躍維港」光影匯演載譽重來，今晚會喺尖沙咀文化中心露天廣場拉開序幕。今次匯演特別加入更多精彩同新穎嘅元素，除咗有豐富嘅燈光效果同 3D 投影技術，仲特別加入唔同嘅感官元素同互動環節，希望為旅客帶來一場別具特色嘅光影盛會。

配合旅發局「香港 FUN 享夏日禮」推廣，今次光影匯演內容主要圍繞夏日嘅多元化體驗。本地美食、街頭藝術等元素都會穿插喺裏面，希望展現香港多姿多采嘅特色。

匯演動畫片，以開心活潑嘅巨龍與雞年吉祥物同遊香港為故事主軸。巨龍、雞年吉祥物以及地道美食家族包括雞蛋仔、菠蘿油、燒賣、叉燒包、平安包等，均會「跳」

出投影幕，化身 LED 塑像和大型充氣公仔與觀眾見面。除此以外，旅發局仲特別喺匯演中加入激光、肥皂泡和煙霧等特別效果，希望為觀眾帶來多感官體驗和驚喜。

有得睇亦都有得玩，我哋喺現場特設「喚醒巨龍」互動遊戲，前九廣鐵路鐘樓會變身為巨型踏步機，旅客同市民可以即場參加踏步比賽，鬥快「喚醒」水池中的巨型 LED 飛龍，而巨龍嘅形象更加會投影喺鐘樓上。鐘樓每晚都會有唔同形象嘅飛龍出現，大家可以集齊一套 12 款，再 post 上 facebook，一齊「喚醒巨龍」。

「閃躍維港」光影匯演踏入第四年，已經成為香港旅遊嘅一大特色。匯演自從推出至今，已有超過 230 萬觀眾觀賞。今次匯演有咁豐富嘅元素，實在好適合一家大細參與，希望大家一齊親身體驗呢場光影盛會。

2017 年 8 月 11 日

開拓廣闊旅客市場

上個月，特區政府與國家旅遊局簽署《關於進一步深化內地與香港旅遊合作協議》，進一步加強交流合作，支持香港旅遊業持續發展。

今次協議特別提到，兩地聯合開發「海上絲綢之路」旅遊產品，共同開展「一帶一路」沿線旅遊市場的宣傳推廣，豐富「一程多站」旅遊路線。據旅發局的統計顯示，近年訪港的過夜度假旅客中，不少都採用「一程多站」的旅遊模式。在 2016 年，來自短途市場的過夜度假旅客，有一半以這種方式訪港，至於長途市場的比例，更高達大約九成。事實上，粵港澳等地旅遊資源互補性強，合作發展旅遊產業，的確可以吸引更多遊客。

以郵輪旅遊為例，香港啟德郵輪碼頭積極與各地郵輪業合作。多個國家及地區都以香港作為郵輪的「母港」，而在粵港澳大灣區內，南沙正在打造廣州的黃金濱海岸線和 4A 級濱海休閒旅遊中心，其他城市亦擁有相當豐富的旅遊資源。內地與香港深化郵輪產業的合作，共同打造「一程多站式」的黃金郵輪旅遊圈，相信有助推動整個大灣區郵輪產業的發展。

　　除此之外，其實在旅遊盛事方面，我們亦可以有更多合作。香港未來有多項大型基建落成，包括高鐵同港珠澳大橋等。譬如：將來如果可以在港珠澳大橋舉辦大型國際單車賽和馬拉松賽事，不但可以宣傳大橋同大灣區旅遊特色，亦有助提升香港旅遊形象。

　　縱觀香港旅遊業發展，今年上半年訪港旅客數字微升 2.4%，旅發局將會繼續同周邊城市合作，宣傳「一程多站」旅遊優勢，希望吸引更多國際旅客到訪，共同開拓更為廣闊的旅客市場。

2017 年 9 月 1 日

單車盛事周日登場

近年，香港掀起一股單車運動熱潮。嚟緊星期日，旅發局再度舉辦體育盛事「香港單車節」。今年喺多方面都有所提升，吸引接近 5,000 名本港及國際單車選手參加。

焦點活動一定係國際專業公路繞圈賽，呢項賽事今年獲國際單車聯盟（UCI）升格為亞洲巡迴賽其中一站，成為專業計分賽事，亦係全港首次舉辦的 UCI 1.1 級單車賽事。比賽沿尖沙咀梳士巴利道、麼地道、科學館道及紅磡繞道，全長超過 100 公里，以繞圈方式進行，每圈長5.15 公里，意味着選手需要不斷掉彎兜圈，賽事相當有挑戰性，相信會好精彩同刺激。專業賽事精英雲集，將有兩支世界知名職業車隊，以及 16 支國家隊及洲際隊參與，

包括代表香港出戰比賽的體育學院單車隊，勝出嘅車手將可獲得車手戰衣、獎金以及巡迴賽積分。

　　至於公眾賽事，同舊年一樣，最受歡迎嘅依然係 50 公里組及 30 公里組賽事，報名名額更加一早爆滿。路線方面，50 公里組會繼續橫跨六區及挑戰「三隧三橋」，但今年會先踩上青馬大橋，再到汀九橋及昂船洲大橋，希望讓更多參與者可以一嘗馳騁青馬大橋的感覺。我哋亦會擴大打氣區範圍，將終點移到梳士巴利道 1881 對開位置，令到更多參加者嘅親友同市民，可以到場觀戰同埋打氣。

　　除此之外，今年「總裁慈善及名人單車遊」亦相當有睇頭，我知道不少老友都秘密練兵，全力以赴。希望能夠推動健康生活意念，同時亦關顧本地有需要社羣。

　　單車運動愈來愈受到歡迎，未來我哋希望可以不斷擴大規模，吸引更多單車愛好者親身來港參賽，鞏固香港盛事之都美譽，讓香港繼續成為世界焦點。

2017 年 10 月 6 日

國際單車手香港競技

上周日，由旅發局主辦的「香港單車節」順利舉行。今屆共有近 5,000 名本港及國際單車選手參加，當中包括約 400 位來自其他國家及地方嘅單車賽發燒友專程來港參與。

清晨五點半，參加 50 公里挑戰組賽事嘅選手率先出發，挑戰「三橋三隧」。當日天氣唔錯，少少風，唔少車手都話可以發揮預期水準。今年賽道「三隧三橋」的次序有所調整，比賽之後有車手同我講，今年先上青馬，再過汀九至三號幹線，有一種先苦後甜嘅感覺。亦都係咁，選手開頭時更有體力應付上橋爬坡同對抗橋上側風。

有車手賽後話俾我知，賽道上每逢急彎收窄，都有專

2017 年的「香港單車節」共有近 5,000 名本港及國際單車選手參加，專業公路繞圈賽更獲國際單車聯盟升格為亞洲巡迴賽分站賽。

人用大聲公提醒。沿途指示牌亦清晰，覺得安排唔錯。仲有車手笑笑口話我知，佢架戰車喺起跑線一起步就甩鏈，唯有向現場大會工作人員求救，同事們都拍硬檔幫佢上返鏈，等佢最終都好彩順利起步。「香港單車節」愈辦愈好，實在要衷心感謝各贊助商的支持，以及特區政府的協助，亦必須多謝旅發局所有同事的辛勞付出。

　　至於焦點項目專業公路繞圈賽，今年獲國際單車聯盟升格為亞洲巡迴賽分站賽，係全港首個 UCI 1.1 級賽事，共有 17 支來自全球 12 個國家及地區的車隊，近 100 名

海內外頂級車手參加。經過 20 個圈長達 103 公里嘅激戰後，最終由 UAE Team Emirates 車隊的 Matej Mohoric 力壓羣雄奪冠。

「香港單車節」規模比以往盛大，除了吸引幾千位本地單車運動愛好者之外，更吸引世界各地旅客和職業車手參與，一邊比賽，一邊欣賞香港壯麗景色。我相信「香港單車節」呢項深具本港特色的國際體育盛事，既有助鞏固香港作為「亞洲盛事之都」的定位，提升香港對旅客的吸引力，而本地市民又可參與其中，可謂一舉兩得。

2017 年 10 月 13 日

「美酒佳餚巡禮」紛呈新潮流

每年 10 月底，唔少人同我一樣，都會期待住由旅發局舉辦嘅「香港美酒佳餚巡禮」。Wine & Dine Festival 今年會喺 10 月 26 號至 29 號，再次載譽歸來，喺中環海濱活動空間舉行。今年活動將有約 400 個美酒和美食攤位，我哋特別加入多項新潮流元素，希望為遊客同市民帶來更豐富嘅美酒美食及快樂。

今年我哋繼續網羅多國美酒，五大美酒展區將會展出來自 21 個國家和地區的佳釀。去年嘅特色雞尾酒大收旺場，今年活動首度推出「氣泡盛薈」展區，帶來多款潮流氣酒、新興氣泡雞尾酒以及香檳等。新增嘅「Robert Parker Wine Advocate」展區，所有美酒均經由品酒權威

Robert Parker 嚴格挑選。除此之外，今年仲特別新設「The Concept Store 生活良品店」，展出創意及時尚餐具家品，啱晒追求生活品味嘅人士。

好酒當然要配美食。美食方面，今年都好豐富。我哋搵嚟城中十大型格餐廳，當中包括米芝蓮三星食肆，提供各式精彩美食。今年「品味館」將會有兩項特別品味活動，一個係「名廚美酒佳餚晚宴」，由五位來自芝加哥、新加坡等嘅國際及本地頂級名廚主理，只開放一晚；另一個係「A Taste of Culinary Stars」，由洲際酒店四間餐廳聯手合作，供應中西美食以及精緻甜點，將於下星期日分三場供應，非常值得一試。

今次盛事，是「香港盛宴十一月」嘅頭炮活動。旅發局會於多個客源市場積極宣傳，仲會聯同海外業界及航空公司於 13 個客源市場，推出以美酒佳餚為主題的旅遊產品，希望可以吸引更多過夜旅客，繼續鞏固香港「亞洲盛事之都」形象。

2017 年 10 月 20 日

美酒佳餚薈萃中環海濱

由旅發局舉辦嘅「香港美酒佳餚巡禮」昨日拉開帷幕，一連四日喺中環海濱活動空間舉行。今年巡禮有約400個美酒和美食攤位，除咗為大家帶嚟好多靚酒同美食之外，仲特別加入生活品味元素，內容更加豐富多彩。

今年五大美酒展區，展出來自20個國家和地區的佳釀，包括新增設嘅「Robert Parker Wine Advocate」同埋提供唔同 Bubbling wine 嘅「氣泡盛薈」專區。Robert Parker 係世界頂級品酒權威，今次喺「Robert Parker Wine Advocate」展出嘅美酒，全部都由佢嚴格挑選，評分達88分。至於「尊尚名酒區」，就會有國際權威酒評家 James Suckling 推介嘅靚酒；而喺國家展區，除咗會繼續有唔同

地方嘅好酒之外，仲會展出一啲從來未喺香港賣過嘅波爾多佳釀。

美食方面，今年有更多知名食肆助陣。我哋搵咗城中十大型格餐廳，包括米芝蓮三星餐廳，同大家帶嚟環球美食。譬如喺「品味館」，就會有三位世界頂級名廚包括：國際知名嘅米芝蓮三星餐廳 The Grace 總廚兼創辦人 Curtis Duffy、亞洲最具影響力廚師之一嘅台灣名廚 André、同「亞洲甜品女王」Janice Wong、再加上香港洲際酒店 2 位名廚，一齊炮製「名廚美酒佳餚晚宴」。

今年活動，我哋諗多咗好多新嘢，希望令旅客同市民玩得開心盡興。旅發局亦特別加強海外宣傳，聯同海外業界以及航空公司，於 13 個客源市場推出美酒佳餚主題的遊港產品。除此之外，亦會透過社交平台、數碼媒體推廣及公關宣傳，希望吸引更多旅客入場。

嚟緊周末，不妨同三五知己一齊去到中環海濱，一邊品嚐世界各地美酒和佳餚，一邊欣賞維港美景，相當寫意。

2017 年 10 月 27 日

香港盛事愈來愈精彩

一連四日嘅「美酒佳餚巡禮」，上星期日落幕。呢幾日天公造美，人流非常暢旺，有超過 14 萬人次入場，真係要衷心多謝旅客、市民、贊助商同政府嘅支持。

夜晚嘅 Wine & Dine Festival 特別旺場，今年亦都唔例外。星期五晚，入夜後人流愈來愈多，可以見到場內不少攤位都出現人龍。有多次參展嘅朋友都有講，今年生意額同人流都比去年增加，銷量非常不俗。有到場的朋友同我講，部分酒商攤位未夠晚上 10 點就已經賣晒當日存貨。

今年全場攤位有 400 個，其中有 300 個攤位推介來自世界各地佳釀，另外 100 個就出售特色美食。繼去年嘅特色雞尾酒大賣之後，今年首度推出嘅「氣泡盛薈」亦

非常受歡迎。尤其係冰凍氣泡酒，可能因為天氣熱，更加特別好賣。有參展商講，最好賣嘅嗰支 bubbling wine，短短兩日就已經售罄，要多次補貨。除此之外，今年場內首設「The Concept Store 生活良品店」，喺提供佳釀和美食之餘，為大家網羅具創意及時尚嘅周邊產品，果然吸引到不少捧場客。

Mega events 係我哋近年推廣策略之一。縱觀而言，據旅發局統計，今年頭 9 個月整體訪港旅客數字超過 4,200 萬人次，較去年同期增加 2.2 ％，當中以過夜旅客表現較好，內地及國際市場也有增長，可見近來的推廣策略收到成效，希望可以延續呢個好勢頭。

嚟緊兩個月，旅發局將會繼續舉辦多項大型活動，包括「香港盛宴十一月」、「香港郊野全接觸」、「繽紛冬日節」以及除夕倒數活動，同時亦會積極支持香港高爾夫球公開賽、Formula E 等不同盛事，不斷豐富旅客訪港體驗。我哋仲會繼續同業界合作，針對年輕及家庭客羣推出不同優惠和特色產品，希望吸引更多過夜旅客來港，感受香港繽紛冬日氣氛。

2017 年 11 月 3 日

香港活現吉隆坡

發展旅遊，需要開拓不同的客源市場。近年旅發局加大力度向海外市場推廣香港，重點吸引過夜旅客。今個星期我哋再度出擊，專程去到吉隆坡，舉辦一連六日嘅旅遊推廣活動「香港活現吉隆坡」（Hong Kong · Live in Kuala Lumpur），向當地旅遊業界同市民推介香港旅遊特色。

講到旅行，我都幾鍾意去吉隆坡。嗰度有美食，有熱情好客嘅民眾，仲有豐富文化遺產，真係別有一番風味。香港同吉隆坡其實有幾分相似，兩個城市都具多元文化，兼具古今特色，係世界各地旅客必遊之選。

香港係一個融合古今、薈萃中西嘅國際都會。今次旅發局特別喺現場佈置「舊城中環」街景，鼓勵旅客更深

旅發局於 2017 年到吉隆坡向當地旅遊業界和市民推介香港旅遊特色。

度地體驗香港獨特嘅生活文化。中環可以話係香港歷史發展的重要標記，我哋特別推介五條主題漫步遊路線，分別突顯區內歷史建築及地標、藝術文化、美食、時尚生活等元素。希望旅客行過這些漫步遊路線，從不同角度深度體驗香港的地道特色，感受中環嘅獨特風貌。

嚟緊冬日旅遊旺季，旅發局將會舉辦多項大型活動，吸引過夜旅客。包括「繽紛冬日節」、除夕倒數活動，仲會有全新主題嘅「閃躍維港」光影匯演。今次我哋與旅遊業界、旅行社、航空公司等合作，在「香港活現吉隆

坡」活動現場設立多個攤位，為馬來西亞旅客推出全新冬日旅遊優惠同 package，希望吸引佢哋一家大細來港旅遊，體驗香港繽紛冬日氣氛。旅發局仲特別設立 Muslim corner，為穆斯林旅客提供不同嘅旅遊 tips，包括餐廳、景點同設施嘅選擇等。

　　香港多年來一直係馬來西亞短途旅客嘅首選之一，要鞏固呢個地位，就要開拓更多不同客源，豐富旅遊體驗，做足「好客之都」宣傳。

2017 年 11 月 10 日

致力推動體育盛事

香港素有「盛事之都」美譽，近年旅發局積極推廣「盛事旅遊」，發展體育盛事係其中一個重要方向。

「2017 香港高爾夫球公開賽」（Hong Kong Open）昨日拉開序幕，一連四日於粉嶺哥爾夫球會舉行。自 1959 年首屆賽事至今，Hong Kong Open 已踏入第 59 屆，係香港歷史最悠久嘅體育賽事，亦係亞洲頂級職業高球賽事之一。今年參賽球手，絕對係非常強勁。包括大師賽冠軍、西班牙球星 Sergio Garcia，里約奧運金牌得主、英國球星 Justin Rose，衛冕冠軍 Sam Brazel，本地球手張雄熙等，仲有超過 30 位亞巡賽冠軍同歐巡賽好手來港參賽，高手對決，相當有睇頭。

「2017 香港高爾夫球公開賽」陣容強勁，包括大師賽冠軍及里約奧運金牌得主。

Hong Kong Open 每年都可以吸引國際球手及球迷齊集香港，今年活動作為慶祝香港特區成立二十周年認可活動之一，觀眾可以免費參加頭兩日嘅活動。我去現場睇過，除咗打波睇波之餘，仲有得玩、有得食，觀眾區內特別準備了音樂表演、藝術坊以及兒童遊玩區等，熱愛高球運動嘅一家大細嚟都啱。

發展體育盛事，係推廣香港嘅方向之一。旅發局已連續多年舉辦大型盛事「香港單車節」、「香港龍舟嘉年華」，同時亦積極支持各項不同體育盛事，包括香港網球公開

賽、香港國際七人欖球賽、國際賽馬錦標香港國際賽事，以及去年啱啱落戶香港嘅 Formula E 電動方程式錦標賽等，就係希望通過發展同支持更多體育盛事，吸引更多來自世界各地嘅旅客。

將體育賽事 package 成旅遊盛事，相信有助吸引更多旅客慕名而至，讓更多世界各地的運動好手和過夜旅客嚟到香港。今年 Hong Kong Open 就獲得大型體育事務委員會認可成為一項「M」品牌活動，協助提升香港作為亞洲體育盛事之都嘅形象，鞏固「盛事之都」地位。

2017 年 11 月 24 日

禮貌運動幫到旅遊業發展

為了提升香港旅遊競爭力，政府一直不遺餘力推廣好客文化。鼓勵各行各業秉持「好客之道」，鞏固香港「好客之都」形象。記得之前旅遊宣傳短片主題曲都話「你燦爛的笑容，你親切的問候，你每個小小的幫忙，都帶給我們的旅客最難忘的回憶」。上周，入境處舉辦「最有禮貌入境管制人員選舉」，鼓勵前線人員為旅客提供更優質嘅服務，對提升香港「好客之都」形象做一件好事。

我查閱資料了解到，自 1996 年開始，入境處每年都會舉辦「最有禮貌入境管制人員選舉」，推動禮貌運動。今年的選舉在上星期舉行，旅客可以喺 11 個出入境管制站投票選出待客有禮嘅入境管制人員。旅發局多年來，

一直支持入境處舉辦的「最有禮貌入境管制人員」選舉，亦會委任得票最多的入境處人員為「香港禮貌大使」，鼓勵佢哋繼續以熱誠有禮的態度，為市民及旅客提供優質的出入境服務，並且給市民帶個好頭，共同提升香港「好客之都」形象，推動香港旅遊業發展。

行政長官在今年《施政報告》定下明確的願景及目標，全力將香港發展成為世界級的首選旅遊目的地。據旅發局統計，今年頭 10 個月整體訪港旅客數字達 4,800 萬人次，較去年同期增加 2.7 %；當中以過夜旅客表現較好，過夜旅客數字超過 2,200 萬人次，佔整體訪港旅客近一半，內地及國際市場也有增長，證明香港對外地遊客依然富有吸引力。

要 keep 住呢個增長勢頭，需要我哋繼續秉持「好客之道」，致力提升香港旅遊好客形象。嚟緊 12 月係傳統旅遊旺季，旅發局將會繼續舉辦多項大型活動，包括冬日版的「閃躍維港」光影匯演、除夕倒數活動、以及和旅遊事務署合作推出全新的「幻彩詠香江」，並繼續集中資源吸引過夜旅客。我知道，香港有好多有心人為旅遊業出心出力，一齊催旺旅遊業，保持香港長遠競爭力。

2017 年 12 月 1 日

跨年煙火精彩紛呈

　　仲有幾日，就係 2018 年元旦。旅發局每年都會舉辦除夕倒數，同大家一齊迎接新年，送上第一份祝福，到今年已經係第 11 年。今年嘅除夕倒數將於星期日晚舉行，係旅發局慶祝香港特區成立二十周年嘅壓軸活動，更加別具意義。

　　香港嘅除夕煙火音樂匯演，一直係世界矚目嘅跨年活動之一，每年都吸引好多國際媒體報導。今年嘅匯演將會比往年更加精彩，規模更加盛大，煙花畫面闊度比去年增加超過三成半，而且煙花同煙火會以唔同高度發放，營造多層次嘅視覺效果，整個畫面將極之繽紛璀璨。另外，今年匯演首次引入歐洲得獎製造商嘅煙花，為觀眾帶嚟設

計新穎嘅煙花圖案，呈上一幕「魔法星塵」，以仙子在維港夜空撒落閃爍的星塵為設計概念，寓意為香港送上新年的祝福。

除咗煙火匯演，當晚喺尖沙咀天星碼頭，仲會有澳洲演藝團體「Strange Fruit」的表演。「Strange Fruit」屢獲殊榮，曾於 2014 年俄羅斯索契冬季奧運會表演，今次表演項目「Deco-Sphere」更是全球首次公開演出。表演者將會喺直徑約兩米嘅巨型球體上，以戲劇、舞蹈以及馬戲雜技獻上精湛演出，相信會非常精彩。除此之外，晚上 11 點開始，中環、金鐘、灣仔一帶五座建築物樓頂，將會每隔 15 分鐘發放「許願流星」煙火，四色煙火分別象徵甜蜜、健康、常樂和富足，大家記得抓緊機會許個新年祝願。

回顧 2017 年，香港旅遊業穩步增長，今年頭 11 個月整體訪港旅客數字，無論是內地或海外旅客，都錄得增長。展望新一年，要保持呢個增長勢頭，就需要不斷提升香港旅遊吸引力和競爭力，豐富旅客嘅訪港旅遊體驗。最後，祝願新一年，香港更加繁榮璀璨。

2017 年 12 月 29 日

香港體育盛事

　　一年一度嘅香港馬拉松賽事在上星期日舉行。當日
天氣和暖，逾 62,000 名跑手清晨陸續出發，我身邊都有好
多朋友參賽。香港馬拉松自 1997 年舉辦首屆賽事以來，
每年均刷新參賽人數紀錄。現在，這賽事已獲香港特區政
府譽為「香港品牌活動」，是一項國際知名的體壇盛事，
十分值得支持。

　　近年各地掀起一股跑步熱潮，依家交通愈來愈便利，
不少馬拉松發燒友都會到世界各地參加賽事，順道旅行
shopping。喺香港，每逢有大型國際體育盛事，參賽者同
埋觀眾絕對願意遠道而來，這股新潮流也有助帶旺消費和
過夜旅客增長。講到運動熱潮，發展 sports mega events，

係我哋推廣香港嘅方向之一。旅發局已連續多年舉辦大型體育盛事「香港單車節」、「香港龍舟嘉年華」等,今年亦會繼續 encore。除此之外,旅發局亦積極支持各項不同體育盛事,譬如:香港高爾夫公開賽、香港網球公開賽、香港國際七人欖球賽、國際級賽馬盛事「香港國際賽事」,以及國際汽聯 Formula E 電動方程式錦標賽等,就係希望通過發展同支持更多體育盛事,吸引更多來自世界各地嘅旅客。

其實在發展體育盛事方面,我們亦希望有更多新想法。香港今年將有多項大型基建落成,包括廣深港高鐵同港珠澳大橋等,將來如果香港方面都可以在港珠澳大橋舉辦大型國際單車賽和國際馬拉松賽事,相信不但可以宣傳大橋同香港旅遊特色,亦有助提升香港作為亞洲體育盛事之都嘅形象。

我哋希望將更多深具本港特色的體育賽事 package 成旅遊盛事,吸引更多旅客慕名而至,讓世界各地的運動好手和旅客嚟到香港,而本地市民又可以參與其中,一舉多得。

2018 年 1 月 26 日

新春匯演喜迎新歲

恭喜發財！新一年，首先祝願大家身體健康！萬事如意！

今年係狗年，狗俾大家嘅印象係活力和朝氣。正如香港嘅農曆新年各區都有唔同嘅應節活動一樣，市面上總係熱熱鬧鬧，旅客過年嚟到香港，絕對可以感受到香港動感一面。

上星期五大年初一晚上，由旅發局舉辦的「新春國際匯演之夜」於尖沙咀舉行。今年匯演嘅主題係「開年・開運・開心」。當晚除了有多部美輪美奐的花車外，更有 25 支中外表演隊伍，合共 34 個單位參與演出。當中，國際表演團隊與陣容更是歷來最強勁，更有唔少係世界紀錄

保持者或者國際冠軍級人馬，為沿途旅客和市民送上一連串高難度嘅精彩演出。新春國際匯演之夜，今年已經係第23屆。好開心經過各方多年來嘅努力，花車匯演已經成為一項世界級節慶活動。每年都吸引好多人觀賞同參與，當中超過一半係旅客，而透過傳媒嘅報導亦為香港帶嚟唔少國際曝光。

除咗旅發局嘅新春匯演，香港當然仲有好多精彩嘅賀歲活動同埋好去處，值得旅客去體驗一下，旅發局亦都為呢啲活動積極宣傳。同時，我哋亦把握農曆新年呢個重要檔期，同業界合作。希望吸引更多過夜旅客，體驗香港嘅傳統節慶特色同地道文化。

睇番數字，2017 年訪港旅客數字穩步回升，去年全年有逾 5,800 萬旅客訪港，按年升 3.2%，過夜旅客亦有 5% 嘅升幅。當中無論內地同國際旅客，都有所增長。展望 2018 年，旅發局將繼續聯同業界緊密合作，加強 mega event 和海外宣傳推廣，希望 keep 住旅客增長勢頭。同時亦希望市民和業界繼續發揮好客精神，讓世界各地旅客嚟到香港，都感到賓至如歸。

最後，祝願香港新一年，政通人和，百業興旺！

2018 年 2 月 23 日

共同打造世界級旅遊區

今年兩會上，有關粵港澳大灣區的建設成為熱議話題。其中焦點之一，正是推動粵港澳大灣區旅遊合作。

粵港澳大灣區擁有龐大的消費市場，海陸空全方位交通連接，再加上粵港澳旅遊資源互補性強，三地各具特色和優勢，有條件發展「一程多站」旅遊，合作打造世界級旅遊區。去年，特區政府與國家旅遊局簽署《關於進一步深化內地與香港旅遊合作協議》，就特別提到兩地聯合開發「海上絲綢之路」旅遊產品，共同開展「一帶一路」沿線旅遊市場的宣傳推廣，豐富「一程多站」旅遊路線。

香港旅遊資源豐富，每年約有 1,500 萬名外地旅客。不少都採用「一程多站」的旅遊模式，以香港為起始站之

後，轉往東南亞等地方繼續旅遊。我們可以設計多條不同旅遊路線，鼓勵旅客繼續前往澳門，然後到珠海、廣州，以至美食勝地佛山、順德等，帶動整個大灣區旅遊。事實上，香港擁有完善交通網絡，港珠澳大橋及廣深港高鐵等多項大型基建，將於今年內相繼落成，實現與大灣區城市之間「一小時生活圈」，有助發展區域旅遊。

除此之外，郵輪旅遊亦是一個重點合作方向。香港積極拓展與區內郵輪港口合作，發展包括香港在內的「一程多站」郵輪旅程。而在粵港澳大灣區內，各城市均擁有相當豐富的旅遊資源，區內各城市加強合作，可共同打造「一程多站式」的黃金郵輪旅遊圈，推動整個大灣區郵輪產業的發展。

旅發局將會繼續同周邊城市合作，加強海外推廣，宣傳香港「一程多站」的旅遊特色，希望吸引更多國際旅客到訪，共同打造世界級旅遊區，開拓更為廣闊的旅客市場。

2018 年 3 月 16 日

大灣區機遇

今年「兩會」，粵港澳大灣區是其中一個熱點議題。國家即將出台《粵港澳大灣區發展規劃》，大灣區建設全面提速，將為香港各行各業帶來前所未有的發展機遇。

其中有兩方面，我關注得比較多。一個是旅遊發展，粵港澳旅遊資源互補性強，三地各具特色和優勢，有條件發展「一程多站」旅遊。以橫琴為例，橫琴定位優先發展休閒旅遊，我們可以鼓勵旅客以香港為起始站，之後繼續前往澳門、珠海等地，共同合作吸引旅客，帶動整個大灣區旅遊。

喺橫琴，嚟緊將會有不同項目落成。其中，包括我哋以文化創意為主題的綜合旅遊娛樂項目「創新方」。

我哋喺設計上，融合休閒旅遊、娛樂以及高科技元素，特別引入多個國際知名品牌，譬如獅門娛樂（Lionsgate Entertainment）、國家地理學會（National Geographic Society）、皇家馬德里及保時捷等，多個體驗中心以 VR 虛擬環境和 AR 擴增實境技術，希望為大家帶來不同體驗。

另一個焦點是青年發展，大灣區建設需要大量專業人才。我們投入營運之後，都會有好多不同崗位，可以為青年創業、就業、實習提供更多機會。加上橫琴自貿區針對港澳居民有多項稅務優惠措施，對香港青年而言，無疑是拓寬了發展空間。除此之外，隨着今年港珠澳大橋及廣深港高鐵等多項大型交通基建相繼落成，香港與珠海等大灣區城市之間將實現「一小時生活圈」，往返交通將更加便利。

香港擁有競爭優勢以及國際視野，工商專業界發揮力量，支持大灣區發展建設，相信有助香港青年尋求發展、向上流動，同時亦有助香港整體的經濟發展。

2018 年 3 月 23 日

巨型欖球維港登場

全球矚目的「香港國際七人欖球賽」(Hong Kong Sevens) 將於今日起,一連三日在香港大球場上演。希望港隊愈戰愈勇,取得佳績。

一年一度的 Hong Kong Sevens 係國際體壇盛事,每年都吸引全球頂尖的欖球隊伍,及數以萬計的球迷齊集香港,當中有不少過夜旅客更加係專程來港觀賽。旅發局由今個星期二起至星期日,一連六日,首度於維港海面設置高達 25 米,即約十層樓高嘅巨型欖球,希望將熾熱嘅欖球賽氣氛伸延至球場之外。我喺中環望過去,欖球的確非常搶眼,為市區增添不少熱鬧氣氛,大家都可以去打下卡。

旅發局近年積極同香港欖球總會合作,加強賽事推

2018年「香港國際七人欖球賽」期間，維港設置巨型欖球，為欖球迷及訪港旅客帶來全新打卡地點。

廣。譬如前年推出嘅「香港國際七人欖球賽電車酒吧」等。今次，我哋喺維港設置巨型欖球，希望可以為欖球迷以及訪港旅客帶來全新打卡地點，同時亦突顯香港作為「國際七人欖球賽」其中一個主辦城市的形象，透過社交媒體及數碼推廣，將呢股欖球熱潮伸延至世界各地。為賽事本身，以至香港「盛事之都」的形象帶來更多國際曝光。

除了巨型欖球裝置之外，香港多處也配合 Hong Kong Sevens 推出不同活動，例如銅鑼灣利園舉行嘅嘉年華，以及灣仔伊利沙伯體育館上演嘅活動前奏音樂會。旅發局

會將呢啲精彩活動串連推廣，鼓勵旅客盡情投入香港欖球狂熱。

香港每年都會有不少體育盛事舉行，當中 Hong Kong Sevens 作為標誌性賽事，有助強化香港作為「亞洲盛事之都」的形象。旅發局一直致力推廣多元化旅遊體驗，而體育和戶外活動正是其中重要一環，今次利用政府的額外撥款加強賽事宣傳推廣，希望為比賽助慶之餘，亦為旅客和市民帶來更多新鮮感。要 keep 住旅客對香港嘅興趣，我哋要不斷諗更多新橋吸引旅客，為香港爭取曝光，同埋帶來更多商機。

2018 年 4 月 6 日

發掘地道特色旅遊

好多時候，旅客去到一個地方旅行，都鍾意捐窿捐罅，深入體驗地道文化。香港融合古今、薈萃中西，每個區都有獨特的生活文化，當中可以發掘到不少地道特色旅遊。

譬如剛過去的星期二佛誕日，也是一年一度的長洲太平清醮。太平清醮是香港獨有的民間節慶，每年節慶都鑼鼓喧天非常熱鬧，除了長洲島上居民盡情參與，亦都吸引數萬名市民和旅客冒着酷熱、專程前往長洲。當中以「搶包山」比賽和飄色會景巡遊，為全日必看亮點。相傳太平清醮，是古代長洲居民向北帝祈福祈求消除瘟疫而來，節慶不單成為國家級非物質文化遺產，更獲不少國際傳媒報

導。除此之外，大嶼山的天壇大佛、寶蓮禪寺等，都成為市民和旅客的佛誕日好去處。

我經常都諗，點樣先可以更好地向旅客推介香港特色？尤其是推廣地區特色。去年旅發局推出「舊城中環」推廣計劃，吸引旅客更深度地體驗中環、上環一帶的獨特生活文化，今年將會擴展至深水埗等其他地區，宣傳香港深度遊體驗。除此之外，其實香港很多類似的傳統民間節慶，如果加以包裝和推廣，都可以成為香港不同地區的地道旅遊特色。

睇睇數字，今年第一季整體訪港旅客人次達 1,561 萬，同期比增長近一成。綜合而言，無論整體和過夜旅客均較去年同期上升，內地及國際市場都錄得升幅。我哋好開心見到這個成績，亦是各界共同努力的成果，我哋會繼續同各界緊密合作，推廣香港不同地區的獨特旅遊特色，希望吸引更多過夜旅客。

2018 年 5 月 25 日

美酒盛事 Vinexpo

香港不乏愛酒之人，每逢舉辦美酒展覽都大收旺場。

今個星期二，Vinexpo Hong Kong 揭幕。一連三日在灣仔會展舉行，我都有幸獲邀主禮。今次展覽有來自約 50 個國家的 1,465 家參展商以及 17,000 多名業內人士參與，當中有 300 家參展商更是首次參展。澳洲是今屆展會的「特邀嘉賓國」，每日都有多場活動推介不同風格的澳洲葡萄酒，一系列頂級的澳洲佳釀，於展會上率先亮相。除此之外，各地酒商亦會舉辦品鑑會、發佈會、專業試酒班等，展示各款醇美佳釀。旅發局特別在場設置了提供地道小食的香港茶餐廳，讓旅客在品嚐世界各地美酒的同時，也能體驗香港的地道風味。

Vinexpo 是國際首屈一指的大型葡萄酒及烈酒博覽會，1998 年在香港首次舉辦，2018 年踏入二十周年。

　　Vinexpo 是國際首屈一指的大型葡萄酒及烈酒博覽會，由法國波爾多工商總會創辦，分別在波爾多及香港等地舉辦展會。1998 年香港首次舉辦 Vinexpo，今年剛好二十周年。有報導話，香港是最具競爭力的葡萄酒市場。我相信這正好解釋點解香港 Vinexpo 愈來愈受世界各地酒商的重視，推動香港成為區內重要的葡萄酒貿易及分銷中心。

　　其實，香港每年都有多項美酒盛事。旅發局每年十月都會舉辦「香港美酒佳餚巡禮」(Wine & Dine Festival)，匯聚多國美酒、特色美饌以及精彩表演等，吸引不少旅客

和市民參加。為了籌備 Wine & Dine Festival，我們每年都會去到不同地方，為大家搜羅各地美酒。當中，亦包括波爾多紅酒節等各地展會，希望為市民和旅客帶來更豐富的美酒美食體驗。講開又講，去年旅發局都趁着波爾多舉行 Vinexpo 期間，在會場開設 pop up 香港餐廳，聯同香港人氣名廚一齊，向全球酒商同葡萄酒愛好者推廣香港美食。

近年旅發局一直致力於推廣盛事旅遊，包括以美酒佳餚為主題的盛事。同時亦加強海外市場的宣傳推廣，希望吸引更多過夜旅客，不斷豐富旅客旅遊體驗。

2018 年 6 月 1 日

波爾多推廣美酒佳餚

今年適逢法國波爾多葡萄酒節二十周年，上星期我飛咗去法國，出席開幕禮。香港旅發局同埋波爾多旅遊辦公室，亦首次簽訂《香港及波爾多美酒佳餚旅遊推廣諒解備忘錄》（MOU），進一步加強兩地合作；亦十分感謝行政長官林太和邱騰華局長專程過來，見證簽署儀式。

上星期六，由大朝早開始已經馬不停蹄。我哋早上陪同專程來 Bordeaux 嘅特首同局長，參觀了 Latour 和博物館；匆匆午飯，馬上為下午的簽署準備。今次我們特別得到特區政府支持，在特首、局長和波爾多副市長 Stephan 等官員見證下，旅發局和 Bordeaux 方面簽署 MOU，加強在美酒佳餚旅遊推廣的合作，共同向全球旅客推廣兩地的

旅發局與波爾多旅遊辦公室於 2018 年簽訂美酒佳餚旅遊推廣諒解備忘錄，並在當地舉行酒會，向當地業界推介美酒佳餚巡禮，更邀得 3 位香港米芝蓮名廚獻技。

美酒佳餚。

今年，旅發局更特別在當地的一艘 Tall Ship 上舉行酒會，向當地葡萄酒業界推介今年 Wine & Dine Festival（W & D）的特色。晚飯後，還有煙花表演，我亦藉機邀請他們 10 月訪港再聚。今次我們更邀請得 3 位香港米芝蓮名廚，遠赴波爾多酒會上呈獻招牌菜式，包括米芝蓮一星餐廳 VEA Restaurant and Lounge 的 Vicky、米芝蓮一星餐廳添好運的培哥及強哥。大家都好鍾意佢哋炮製嘅美食，佢哋幫香港做咗一次好好嘅宣傳。

今年 W & D 踏入十周年，旅發局會把握機會，與波爾多攜手為旅客帶來更精彩的美酒佳餚盛事。今年規模將更為盛大，同時亦將注入派對元素，希望帶給大家全新的體驗。除此之外，我們還將邀請區內多位星級名廚攜手，又集合最地道的星級街頭美食，讓市民同旅客品嚐更多來自不同國家和地區的美食。近年，旅發局一直致力於推廣不同 mega events。今次與波爾多合作加強美酒佳餚旅遊推廣，相信 10 月的 W & D 一定更加精彩。

這是超忙的一日，不過全日過得好開心。

2018 年 6 月 22 日

電競音樂節八月登場

近年，電子競技極受年青人歡迎，唔單只係新興產業，電競項目更將成為今屆印尼雅加達亞運會示範項目之一，到 2022 年亞運會就會成為正式比賽項目。運動盛事從來都係旅遊盛事，因此，我相信電競主題盛事將會成為旅遊新亮點。

由旅發局主辦嘅「香港電競音樂節」，將於今年 8 月 24 至 26 號喺灣仔會展舉行，係全港最大型嘅電競主題盛事。今年活動更具規模，將有三場國際頂級電競比賽上演，包括「英雄聯盟王者回歸世界邀請賽 2018」、「ZOTAC CUP MASTERS《CS:GO》盃賽全球總決賽 2018」，以及首度引入「香港絕地求生 (PUBG) 世界邀請賽」，雲集超

過 110 位來自世界各地包括香港的電競選手參賽。講起 PUBG，我知道唔少年青人，甚至係大朋友，都極喜愛約埋一齊打 PUBG。我哋今次係要求組隊作賽，仲有豐富獎金，大家可以諗吓，組隊七月中嚟參加選拔賽。我之前有睇過啲年青朋友打，又要 mark 地圖、又要聽腳步聲、槍聲、仲要有攻擊防守隊型，就算齋睇都好肉緊！

至於場內體驗專區，規模都擴大咗，仲有好多款最新電競遊戲同產品，仲會有音樂 mini show，啱晒年青朋友。除此之外，我哋今年仲特別同香港電腦商會合作，買咗電競節門票嘅朋友可以入埋 Hall 1 嘅香港電腦通訊節，一票兩行，希望可以發揮協同效應，帶動更多人流。

去年，旅發局第一次舉辦「香港電競音樂節」。好高興得到本地同埋國際傳媒嘅廣泛報導，成功帶嚟超過 1 億 5,000 萬元嘅全球宣傳效益，亦吸引超過 740 萬人喺網上觀看電競賽事，為香港帶來唔少國際曝光。適逢八月盛夏，今年我哋將地點移師會展室內進行，等大家可以玩得更加盡興、更加舒服。我希望電競音樂節可以豐富旅客，尤其係年青客羣喺夏天訪港嘅體驗，同時藉住舉辦主題盛事，鞏固香港「亞洲盛事之都」嘅地位。

2018 年 7 月 13 日

十一支頂級單車隊聚首香港

大型盛事，係我哋吸引旅客嘅策略之一。繼上星期發佈「香港電競音樂節」後，呢個星期旅發局再公佈，嚟緊十月繼續舉辦「香港單車節」。轉吓眼，香港單車節已經第四屆。好開心喺社會各界朋友支持同配合下，規模一年比一年大。

今年香港單車節，其中一個焦點項目，就一定係歐洲 Hammer Series 賽事的最後一站——Hammer 香港站。今次，將會有 11 支世界頂級職業車隊嚟到香港，爭奪 Hammer Series 今季嘅總冠軍。Hammer Series 之前兩站賽事，就吸引超過 700 萬來自全球唔同地方嘅單車迷網上觀賽。今次首次登陸香港，相信可以為香港爭取更多國際曝

光，鞏固「亞洲盛事之都」嘅地位。

講開又講，全球頂級職業車隊只有 18 支，佢哋全部擁有參與「環法」、「環意」呢啲全球一級賽事嘅資格。今次，有超過一半嘅車隊會嚟香港作賽，唔單只可以讓大家近距離觀賽，對於單車迷、甚至愛好運動嘅朋友嚟講，絕對係一個好消息。

除此之外，單車節另一焦點，當然就係各位朋友都可以一齊參與嘅「50 公里」以及「30 公里」組別賽事。今年，兩個組別都會增加名額，同時亦增設「粵港澳大灣區青年盃」以及「大學盃」，分別邀請大灣區 11 個城市嘅年青朋友以及本地大學生組隊參加，希望鼓勵多啲年青人一齊參與單車運動。

單車運動，在世界各地都不乏愛好者。旅發局亦都會喺日本、台灣、韓國以及東南亞等客源市場，聯同當地業界推出包含「香港單車節」嘅行程。更加會首次同郵輪公司合作，推出參與單車節嘅飛航郵輪之旅，讓旅客嚟到香港旅遊之餘，仲可以參與單車賽事。我哋希望大型體育盛事除咗吸引運動愛好者之外，同時亦為香港帶來更多旅客，一舉兩得。

2018 年 7 月 20 日

香港美事
48

籌備盛事如火如荼

大型盛事，一向都係我哋吸引旅客嘅策略之一。旅發局 7 月頭公布嘅兩項大型盛事嘅安排，「香港電競音樂節」同埋「香港單車節」，籌備工作已經如火如荼。好似啱啱喺上個周四至周日一連四天，就率先進行咗「香港電競音樂節香港《絕地求生》世界邀請賽——香港區選拔賽」。

今次本地選拔賽，有過百支本地電競隊伍參賽。選拔賽現場本來都準備咗鍵盤、滑鼠等等裝備，不過大部分選手都自攜私家嘅專業電競裝備，話用慣嘅裝備會更加得心應手，有助取得好成績，十分專業。正式開賽前，歌手陳柏宇仲嚟咗場「一對五十」嘅 PUBG mobile「示範賽」。我都有睇返 YouTube 感受一下，佢降落咗之後，本來都執咗

兩支槍同避彈衣，不過唔駛幾秒，就俾幾個赤手空拳不過來勢洶洶嘅對手圍攻。最後佢就「示範」咗點樣喺全副武裝之下，喺短短 41 秒就俾赤手空拳嘅對手 KO 咗，在場觀眾個個都笑到碌地。

講返正式選拔賽事，最後一天就產生兩支勝出隊伍，佢哋已經可以率先獲得共 20 萬獎金，並將於 8 月 25 及 26 號在「香港《絕地求生》世界邀請賽」中，代表香港，迎戰其餘 14 支國際職業電競隊伍，爭奪最高榮譽。

另外一項籌備工作，就係「香港單車節」嘅網上報名。可能大家都會擔心，網上報名好多時都會出現「大塞車」。因此，旅發局同事特別注意網絡硬件嘅安排，以確保一切順暢。唔少組別嘅名額，已經爆滿。其中 50 公里組個人組別喺 4 個鐘內已經搶購一空，至於 30 公里組亦已滿額。50 公里組賽事挑戰「三隧三橋」，而 30 公里組都會登上昂船洲大橋，兩個賽事都有唔同嘅難度，單車節將會喺 10 月 14 號舉行，各位選手都要開始準備同埋操車啦。

嚟緊我哋會繼續舉辦不同類型、不同規模嘅盛事，讓旅客同埋香港市民感受香港精彩之處。

2018 年 7 月 27 日

旅遊業迎來多項挑戰

轉瞬間，2018年已經過半。近日，我都有同傳媒朋友相聚，講講上半年旅遊業表現，分享下半年嘅推廣策略，亦向各位傳媒朋友請教一下對香港旅業前景的看法。睇返數字，今年上半年整體訪港旅客約有3,000萬人次，增長達一成，長途市場及新市場旅客數字亦有平穩增長，總體而言，表現確實不俗。

預期下半年，受到環球經濟波動影響，旅遊業面對不同挑戰。旅發局將繼續加強推廣，重點吸引短途市場過夜旅客。我哋一方面會加強與航空公司，特別是同廉航合作，推出不同旅遊產品；另一方面亦會繼續以家庭同年青客羣作為重點，配合不同大型活動推廣，包括「香港電競

音樂節」、「單車節」等，豐富年青客羣嘅訪港體驗。

講到 mega event，焦點必定係 10 月嘅「香港美酒佳餚巡禮」（Wine & Dine）。今年係 Wine & Dine 十周年，我哋希望可以進一步擴大場地規模，同時亦計劃引入更多不同類型的新元素，希望可以提升入場人士的品酒體驗。至於由 11 月開始嘅「香港郊野全接觸」，我哋就計劃介紹多條行山徑及單車旅遊路線，以及地質公園的特色景致，希望讓旅客感受香港大自然嘅一面。

除此之外，「一程多站」旅遊，亦是近年主要推廣策略。我知道不少旅客都鍾意「一程多站」嘅旅遊模式，以香港為起始站，之後轉往不同地方繼續旅遊。嚟緊下半年，港珠澳大橋以及高鐵香港段將會通車，加上郵輪旅遊嘅拓展，「一程多站」旅遊路線將更加豐富，更具特色。我哋計劃緊推出新特輯，同時亦會同業界合作，推廣全新「一程多站」旅遊體驗。

希望下半年可以繼續 keep 住旅客增長勢頭，我相信隨着高鐵、港珠澳大橋通車，以及大灣區區域旅遊的發展，將會為香港旅遊業帶來更多機遇。

2018 年 8 月 3 日

青年大使推廣香港

我知道好多青年朋友都熱愛香港，熱心推廣香港旅遊，希望展示香港好客的一面。今日，我就會出席由香港青年協會、旅遊事務署及優質顧客服務協會舉辦嘅「香港青年大使委任儀式」。我擔任旅發局主席以來，都會盡力安排時間出席佢哋嘅典禮。

香港青年大使計劃，今年已經踏入第 17 屆。佢哋致力培育青年人成為大使，傳揚主動協助旅客的友善風氣，建立好客文化，增加參加者對香港嘅歸屬感和多元文化認識。我知道新一批香港青年大使已經喺暑假完成一系列培訓，佢哋獲委任之後，就會駐守香港不同景點接待旅客，亦都會參與大型旅遊盛事服務，組織推廣活動，促進大眾

旅發局一直全力支持「香港青年大使計劃」，青年大使經培訓後會在不同景點接待旅客，亦會參與大型旅遊盛事服務，組織推廣活動。

了解和欣賞好客同埋優質服務文化。仲有部分大使會於海外的院校裏，籌辦推廣香港及中華文化活動，吸引外地朋友來港旅遊，宣揚香港好客之道。

　　旅發局一直全力支持呢項別具意義嘅計劃，喺過去一年，青年大使就參與咗旅發局多項大型盛事以及節慶活動，向旅客和市民推廣香港豐富、多元嘅旅遊體驗。有時，我出席大型活動，都留意到青年大使們嘅身影。好高興見到佢哋，每一位都殷勤有禮地接待訪港旅客，展示香港好客之都的形象。今日，我亦都會代表旅發局，表揚優

異嘅青年大使，讚揚和感謝佢哋為香港旅遊付出嘅汗水和努力。我亦期待香港青年大使的生力軍，繼續參與更多旅遊推廣活動，發揚熱情好客精神，一齊宣傳香港。

展望下半年，旅發局將會繼續加強推廣，重點吸引過夜旅客，尤其係短途市場嘅旅客。我哋仲會繼續舉辦多項盛事，好似下星期五起，一連三日於會展舉行嘅「香港電競音樂節」，以及 10 月舉行嘅「單車節」、「美酒佳餚巡禮」，同埋年底嘅除夕倒數等等。另外，隨着高鐵香港段即將通車，相信亦會帶動西九龍總站成為旅遊新熱點，我們會好好把握這項大型基建所帶來的機遇，加強推廣，希望吸引更多旅客。

2018 年 8 月 17 日

電競音樂節會展登場

「香港電競音樂節」，今天起一連三日在會展登場！旅發局去年首辦「電競音樂節」，今年載譽重來，成為唔少青年人暑假嘅壓軸盛事。

今年「電競音樂節」，將會上演三項國際頂級賽事，分別係「英雄聯盟王者回歸世界邀請賽 2018」，以及兩項全新賽事「ZOTAC CUP MASTERS《CS:GO》盃賽全球總決賽 2018」和「香港《絕地求生》世界邀請賽」。三項大賽，總共有過百位來自香港以及其他地區的電競選手參賽，當中好多都係殿堂級人馬。

旅發局亦與多個網絡平台合作，以多種語言網上直播三項國際電競賽事對戰盛況。我知道同事們籌備時都事事

「香港電競音樂節」於 2018 年載譽重來，吸引大批電競愛好者聚首一堂，比拼身手。

做足，從設置器材、安裝電腦、到檢查各種應用程式，每個環節都緊密跟進。而為確保比賽公平及順利地進行，每天賽事都會有觀察者及具經驗的裁判坐陣。大會亦為來自世界各地的隊伍安排翻譯，十分細心。

至於場內嘅體驗專區，亦會呈獻最新電競、電玩產品，仲有最新 VR 遊戲試玩。除此之外，一連三日活動，仲會有多場音樂表演，我哋請到來自韓國嘅 DJ Soda，以及 Gin Lee、Mr. Wally、李拾壹、徐加晴等年青歌手，分別於電競主舞台、體驗專區為入場朋友送上精彩表演，大

家真係要留意。

近來，我都有同朋友傾開，大家都覺得「電競」同「打機」完全係兩回事。其實，電競已經成為一項運動競技項目，入行門檻頗高。有選手同我講，佢哋要接受密集式訓練，反應要快，思路要清，亦要了解自己和對手打法，更要與隊友保持良好溝通。有唔少選手，仲要接受體能訓練，先可以應付比賽的體力要求。可見電競根本與其他運動項目無異。上周六開幕嘅印尼雅加達亞運會，亦新增電競為示範項目，並於下屆杭州亞運正式成為獎牌項目，可見電競發展愈來愈受正視。

所以旅發局亦希望藉着這股席捲全球的電競熱潮，吸引更多年青旅客訪港，感受香港充滿動感和活力的一面。各位喜愛電競嘅朋友，記得把握呢三日時間，到「香港電競音樂節」親身體驗一下。

2018 年 8 月 24 日

深水埗特色旅遊

近年，愈來愈多唔同嘅旅遊方式興起，其中一項就係深度遊。旅發局以「香港 · 大城小區」作為推廣策略。除咗傳統景點之外，亦帶領旅客走進特色社區，深度體驗香港嘅地道文化，讓旅客對香港有唔同嘅感受。去年旅發局首度推出「舊城中環」項目，反應唔錯，今年我哋推介九龍，特別揀咗深水埗作為第二個推廣地區。

最近，深水埗地鐵站、燈柱、電箱等已經換上咗以紅白藍帆布為主題嘅新裝，上面貼有 QR Code，方便旅客搵到漫步指南。旅發局亦會以唔同途徑向海外旅客宣傳，包括透過「香港故事」，展現深水埗地道的一面，又會拍攝微電影「尋覓 · 心水寶」，仲會同業界合作推出深度遊行

深水埗是「香港‧大城小區」的第二個推廣地區，我們與業界人士齊齊落區推廣地道美食。

程，吸引更多海外旅客嚟香港，深度體驗地道社區文化。

　　有朋友都問我多唔多去深水埗？其實，我同深水埗好有淵源。我啱啱出嚟做嘢嗰陣，就喺呢度附近返工。喺度做過十年嘢，自自然然就對深水埗多咗認識，亦都建立咗一份特別嘅感情。因此，對我嚟講，深水埗可以講得上係香港最地道嘅社區之一。呢度除咗有好多外國旅客都知道嘅黃金商場、鴨寮街之外，仲有好多米芝蓮推介小食，仲有賣布、賣鈕扣珠仔嘅舖頭。大家可能唔知，連張叔平都係喺深水埗買布做戲服。仲有劉德華、梁朝偉嘅《無間

道》入面嘅經典場面，同埋一啲荷里活電影，都喺深水埗取景。呢區近年仲多咗好多年青人，喺度開舖頭，發展自己嘅事業，非常值得旅客嚟探索。

上星期，我同邱騰華局長同埋傳媒朋友去咗轉深水埗體驗一下。仲專程去咗添好運餐廳品嚐培哥嘅私房點心，味道一流，可以話係全世界最抵食嘅米芝蓮餐廳。要體驗香港地道特色文化，深水埗的確係一個好去處。

2018 年 9 月 14 日

2019香港日本旅遊年

日本，一向是香港人的首選旅遊目的地。我都經常去日本，而香港亦極受日本旅客歡迎。上星期，我飛咗轉東京，出席日本國際旅遊展。兩地攜手將 2019 年訂為「香港日本旅遊年」，希望進一步推動兩地旅遊業的合作同發展。

香港與日本長期以來互為旅遊目的地，聯繫緊密，日本是香港五大客源市場之一。去年，香港接待超過 120 萬日本旅客，同期比增長近 13%。隨着兩地之間航班數量增加，往來交通更為方便，今年繼續保持增長勢頭。頭 7 個月，日本訪港旅客人次超過 70 萬。明年，「香港日本旅遊年」將進一步加強兩地交流，不單為本地旅遊業界提供

香港和日本將 2019 年訂為「香港日本旅遊年」，還合作設計出糅合紫荊花及櫻花的標誌，象徵兩地緊密連繫。

新的推廣平台，吸引日本旅客，相信日本業界亦會為香港旅客推介更多不同的遊日行程。

不少日本旅客，都鍾意取道香港前往內地城市。隨着高鐵香港段和港珠澳大橋的開通，前往澳門、珠海，以至廣州等地的旅程大大縮短。香港也連接到覆蓋內地大部分主要城市的國家高鐵網絡之中，形成便捷的旅遊生活圈。我們將在日本市場，加強宣傳大灣區旅遊，鼓勵日本旅客以「一程多站」的方式，到訪香港及其他大灣區城市。嚟緊第四季，粵港澳三地將攜手，在東京舉行推廣活動，推

廣全新的大灣區「一程多站」旅遊體驗。

其實，對於香港和日本旅遊發展而言，明年可謂別具意義。早在 2009 年，兩地就首次合辦旅遊年。十年間，兩地旅遊業均見長足發展。今次將 2019 年再度訂為「香港日本旅遊年」，兩地仲合作設計出糅合兩地特色的標誌，以具代表性的紫荊花及櫻花圖案，象徵着兩地之間嘅緊密連繫。

旅發局將與本地及日本業界加強合作，在明年推出更多旅遊產品。以香港多元文化的魅力，以及全年不同類型的大型盛事活動，吸引更多日本旅客到訪，希望將「香港日本旅遊年」辦得有聲有色。

2018 年 9 月 28 日

Wine & Dine Festival 迎來十歲生日

踏入 10 月，開始感到秋意，亦都係戶外盛事嘅好季節。一年一度「香港美酒佳餚巡禮」（Wine & Dine Festival），將於 10 月 25 至 28 號在中環海濱舉行。今年係第十屆，旅發局會將今年巡禮變身為一個大型生日派對，仲加入多項以「10」為主題的新元素，希望為旅客和市民帶來多重驚喜。

今年，場地將由中環海濱活動空間延伸至添馬公園，面積比往年多兩成，規模亦係歷年最大。我哋一向注重場地佈置，希望提供更加舒適嘅品酒環境，今年十大美酒美食展區攤位共約 450 個，我哋將酒類同美食攤位維持喺 3 比 1 嘅黃金比例，希望可以提升入場人士的品酒體驗。

講到品酒，今年除咗標準品酒證之外，旅發局仲特別

推出「Perfect 10」紀念品酒證，已經開始公開發售，當中包括品酒券、美食券、迎賓酒品，以及著名品牌 Lucaris 特別為十周年而製作嘅限量版金色水晶酒杯。呢款酒杯，係獲獎設計，底部有五條標誌性嘅弧形線條，可以有助促進紅酒微氧化同軟化酒質，而金色版本更加係 Lucaris 多年來首次嘗試，別具收藏價值。今年，我哋仲特別推出第十屆限定版酒品，同埋 Wine & Dine 面世年分嘅 2009 vintage，大家真係不容錯過。

美食方面，每年大受歡迎嘅「品味館」今年特別呈獻米芝蓮十星晚宴。市民反應熱烈，開售當日火速售罄。不過大家唔使失望，「品味館」喺 28 號仲會提供由香港文華東方酒店主理、以萬聖節為主題嘅下午茶，相當有新意。除此之外，新增加嘅「環球街頭小吃」及「咖啡園」兩大展區，前者由韓、歐、拉丁美洲等地區地道食品店坐鎮，後者則網羅城中多間著名咖啡店及烘焙甜點店，希望進一步提升佳餚嘅吸引力，帶來品酒以外嘅精彩美食體驗。

Wine & Dine 踏入第十屆，確實係一個難忘嘅時刻，期待喺今個月尾，同香港市民同埋旅客一齊慶祝「香港美酒佳餚巡禮」10 歲生日！

2018 年 10 月 5 日

單車好手周日鬧市競賽

　　旅發局舉辦嘅「香港單車節」，嚟緊星期日再度登場。轉吓眼，單車節已經係第四年。今年吸引超過 5,400 位單車選手同愛好者參加，規模一年比一年大。

　　焦點項目係星期日下午於尖東一帶舉行的「Hammer 香港站」，亦係歐洲「Hammer Series」賽事的今年最後一站，將有 11 支 UCI 世界巡迴賽單車隊、3 支職業洲際車隊以及香港隊，合共 15 支強隊參加，一齊爭奪終極殊榮。星期日，一眾國際頂級車手就會喺尖沙咀維港海旁激戰，進行「競速賽」同「追逐賽」兩場賽事，挑戰超過 64 公里路程。相當有挑戰性，相信會好精彩同刺激。

　　至於另一個焦點，就係受到各位朋友歡迎嘅 50 公里

組同埋 30 公里組賽事。今年，參賽人數係歷屆最多，起步時間比去年稍微提前。去年有車手同我哋反映，汀九橋路面比較多碎石，所以，今年我哋加派人手提前清理路面，希望盡量減少路面碎石。各位朋友比賽嗰陣，要時刻留意路面情況，尤其係部分工程路段，最緊要係小心謹慎、安全至上。除此之外，今年「單車節」，亦都加入咗慈善元素，單車活動嘅部分報名費以及「總裁慈善單車遊」嘅全數報名費，都將撥作慈善用途，希望推動健康生活意念。

今年，我哋亦加強海外客源市場推廣。特別係日本、台灣、韓國、東南亞等海外市場，聯同當地業界推出包含「香港單車節」嘅行程。我哋仲首次同郵輪公司合作，於東南亞推出參與「單車節」嘅飛航郵輪之旅，旅客享受旅程之餘，仲可以參與到「單車節」活動，一舉兩得。

最佳觀賞位置，專業賽事當然係喺梳士巴利道近尖沙咀海濱一帶，或者係麼地道近市政局百周年紀念花園一帶。至於 50 公里同 30 公里組方面，梳士巴利道或者終點 1881 對開位置，都可以讓大家近距離觀戰同打氣。今個星期日，同大家一齊盡情投入呢場單車盛事！

2018 年 10 月 12 日

十月盛事浪接浪

一年一度的「香港單車節」，上星期日完滿完成。今年吸引超過 5,400 名單車愛好者參加，數字為歷屆最多，當中專程來港參賽的旅客約佔一成半。

星期日天未光，參加 50 公里組的選手已經率先由尖沙咀出發，跨越六區，挑戰「三隧三橋」。不少選手都覺得今年賽道情況比去年好，雖然上橋位置比較當風，不過路面碎石情況大大改善，路線安排也順暢，加上當日天氣清涼，適合發揮，最終超過九成選手都順利完成賽事，完成率同去年相近。

我哋一直推動大灣區各市在旅遊方面有更多合作。今年特別喺 50 公里組別增設「粵港澳大灣區青年盃」，邀

逾五千名單車愛好者參加 2018 年「香港單車節」，數字歷屆最多，專程來港參賽的旅客約佔一成半。

請大灣區 11 個城市共 170 名青年人參與，希望可以促進大灣區青年交流。至於 30 公里組就增設「大學盃」，本港有 9 間大學組隊參加，一同在昂船洲大橋上破風。將來如果粵港澳三地可以共同舉辦「單車節」，單車好手在港珠澳大橋上馳騁，相信感覺一定更加正！

　　至於焦點賽事「Hammer 香港站」，不單係歐洲「Hammer Series」最後一站，亦係 UCI 亞洲巡迴賽分站賽事，屬於 UCI 1.1 級公路賽，今年首次登陸香港，來自世界各地的 15 支強隊在尖東鬧市上演連場精彩賽事，吸引不少旅客和市民夾道觀賽。15 支參賽隊伍，要先後進行

2018 年，澳洲車隊 Mitchelton-Scott 贏得「Hammer Series 2018」最後一站，並榮膺總冠軍。

10 圈「競速賽」，以及 5 圈「追逐賽」激戰。既要比拼速度，又要講求戰術同耐力，睇到專業車手全副裝備上陣，真係相當緊張刺激。最終，由澳洲車隊 Mitchelton-Scott 力壓對手，連同之前歐洲分站賽事的成績，榮膺「Hammer Series 2018」總冠軍，成為終極王者，實至名歸。

踏入 10 月秋意漸濃，大型戶外盛事亦都接踵而來。嚟緊下星期，將迎來「香港美酒佳餚巡禮」10 歲生日。今年，旅發局加入多項以「10」為主題的新元素，仲會有多重驚喜，期待下星期與市民同旅客齊聚中環海濱。

2018 年 10 月 19 日

海洋公園酒店主打綠色環保

海洋公園萬豪酒店，今個星期開始試業。酒店由建築設計、裝修、再到運營，都加入環保概念元素，籌備上的確要花費更多心思。譬如，酒店餐廳在食材選擇上，就有嚴格要求，要按照 WWF 嘅標準選用可持續發展海產，避免購買一啲瀕危或有過度捕撈問題嘅品種。

大家知道，我一直鍾意研究不同菜式。今次，在海洋公園酒店亦有經營兩間餐廳，其中粵菜餐廳「南海小館」，就以順德河鮮作為主打。其實烹調河鮮，好講究功夫，需要辟走泥味，帶出鮮味，好多時都要加醬汁調味。我哋採購嘅河鮮，飼養嗰陣就做咗特別處理，例如，水中加入臭氧去味，成本雖然貴啲，但就可以用更為清淡嘅烹調方

式，品嚐到河鮮嘅原汁原味。開業之前，我都多次去到順德試菜，希望可以搵到更多新鮮食材，最後仲邀請到尤師傅嚟擔任餐廳嘅行政總廚。

海洋公園一直致力保育大自然，我哋酒店設計都係以海洋為主題。設計上採用綠色環保概念，希望帶俾賓客充滿自然色彩嘅體驗。一步入大堂，就會見到一個 18 米高嘅圓柱型水族館，垂直跨越三層樓。水族館將會飼養人工珊瑚礁，以及數十種不同品種、總共過千條嘅特色魚類。當中包括棘魚、蝴蝶魚、河豚及其他非瀕臨絕種野生海洋生物。依家水族館已經開始注水，同監測水質，遲啲完成隔離免疫，就可以分批放魚。

除此之外，酒店還有一個全港島最大嘅無柱式酒店宴會廳，裝有全自動偵測系統，空調系統會因應在場人數而自動調節，從而減少用電量。其實，呢個系統喺酒店唔同地方都有應用。我哋預計一系列節能措施，可以為酒店節能大約 40%。計落真係唔簡單，希望可以為環保出一分力。

2018 年 11 月 2 日

東京推廣大灣區旅遊

粵港澳三地推動大灣區旅遊合作，旅發局密鑼緊鼓做嘢。我哋上星期一連四日，喺東京舉辦「Greater Bay Area Showcase」旅遊展覽，希望向日本旅客推廣香港同大灣區旅遊新體驗，以及最近落成的兩項大型交通基建。上星期，我專程飛咗去東京，同粵港澳三地官員一齊主持揭幕儀式。

今次展覽，我哋特別將日本著名藝人香取慎吾創作的街頭壁畫《大口龍仔》複製到現場展出。呢幅壁畫，係喺香港創作，極受旅客歡迎，成為展覽其中一個焦點。除此之外，現場仲設有互動地圖，以及呈現中環舊式商店同砵甸乍街街景的縮影模型。讓香港「舊城中環」等獨特旅遊

2018 年，旅發局在東京舉辦「Greater Bay Area Showcase」旅遊展覽，向日本旅客推廣香港和大灣區旅遊新體驗。

特色，活現在日本市民眼前。

香港旅遊資源豐富，每年約有 1,500 萬名國際旅客，平均逗留香港 3 晚左右。通過推廣更多大灣區旅遊景點，我哋希望可以延長佢哋留港日子到 4 至 5 晚。今次活動，主要就係推廣香港作為大灣區「一程多站」旅遊的最佳起點。同時，展出近期通車的廣深港高鐵、港珠澳大橋，以及香港國際機場的資料，突顯香港同內地進一步提升交通連接，形成更加便捷的旅遊生活圈。

粵港澳三地旅遊資源互補性強，我哋完全可以設計多

條不同旅遊路線，規劃更多大灣區景點，鼓勵旅客繼續前往澳門、珠海、廣州等大灣區城市。而港珠澳大橋本身，亦可以作為一個新景點向旅客推介。事實上，香港作為國際交通樞紐，擁有完善交通網絡，在吸引長途旅客方面更有優勢，亦可以推動區域旅遊發展。

值得一提嘅係，明年係「香港日本旅遊年」，旅發局會去到日本同香港有直航的城市做推廣。啫家，日本訪港旅客以年輕人為主，而銀髮族亦有上升趨勢，相信憑藉香港多元文化的魅力，我哋可以吸引更多日本旅客到訪。

2018 年 11 月 9 日

高球盛事開鑼

香港高爾夫球公開賽（Hong Kong Open），係全年最矚目嘅體育盛事之一，雲集全球各地頂尖球手爭奪殊榮。昨日開始，一連四天在粉嶺高爾夫球會舉行。

Hong Kong Open 今年踏入第六十屆，係香港歷史最悠久嘅體育賽事，亦是亞洲頂級職業高球賽事之一。獲得亞巡賽、歐巡賽官方認可，亦讓世界頂級球手齊聚香港，包括兩位大師賽冠軍、美國球星 Patrick Reed 和西班牙球星 Sergio Garcia，英國球星 Tommy Fleetwood，衛冕冠軍 Wade Ormsby 等等，陣容非常強勁。今次賽事，成績不單直接影響球手喺亞巡賽排名，同時賽事亦獲列為 2019 年歐巡賽首站賽事，氣氛緊張刺激，相當有睇頭。

香港高爾夫球公開賽於 2018 年踏入第六十屆，更獲列為 2019 年歐巡賽首站賽事。

　　旅發局一直積極支持不同體育盛事，希望豐富香港的旅遊體驗，吸引更多不同類型的旅客，譬如 Hong Kong Open，場內除咗可以觀賞專業賽事外，仲有兒童遊戲區、高爾夫體驗區等，其實好啱一家大細一齊去玩。賽事每年都吸引不少外地球手和高爾夫球愛好者遠道而來，希望佢哋可以多留幾日，參與一連四日緊張賽事之餘，多啲到香港不同地方行吓，體驗香港地道特色文化，親身感受香港作為亞洲國際都會的多元文化魅力。

　　香港每年都有多項國際級體育盛事，可以話係全年無

休，例如旅發局每年都會舉辦大型盛事「香港單車節」，亦積極支持各項不同體育盛事，包括香港國際七人欖球賽、Formula E 電動方程式錦標賽，仲有網球、馬拉松、龍舟、賽馬等各項賽事盛事，希望通過發展同支持更多體育盛事，為香港爭取更多國際曝光，吸引更多來自世界各地的旅客和體育迷，來港感受巔峰對決的緊張氣氛，提升香港作為「亞洲盛事之都」的形象。

2018 年 11 月 23 日

打造冬日戶外光影盛會

香港的冬日，向來以節日燈飾、煙花匯演而聞名。踏入冬季，氣氛逐漸濃厚，旅發局全新大型活動「閃躍維港燈影節」，昨晚正式揭開序幕。感謝特首和旅遊事務專員親臨主禮，點亮首度舉辦的「國際燈光藝術展」。此外，「閃躍維港燈影節」還包括「幻彩詠香江」燈光音樂匯演、除夕煙火倒數等多項冬日特色節慶活動。

「國際燈光藝術展」，昨晚首度登陸中環海濱。展出18件來自本港和世界各地的創新燈光藝術作品，分為科技與通訊、童年夢想、連繫與浪漫三大主題。當中有14件作品，曾於不同國際光影節中廣獲好評。而另外4件本地作品，就以香港五光十色的街道特色作主題，設計元素

包括押業招牌、竹棚及摩天大廈等，極具創意。

臨近聖誕，其中一件來自法國的作品《魔方樹》顯得更加特別。呢棵高達 25 米的「魔方樹」，由複雜鋼架結構製作而成，與傳統以松樹製成的聖誕樹唔同，晚上每 20 分鐘會為觀眾帶來一場糅合燈光和音效的匯演。除此之外，中環皇后像廣場都有一棵經典聖誕樹，每年都極受市民和旅客歡迎，今年以冰雪作為佈置主題，相信會繼續成為冬日節慶地標同打卡熱點。

今次「幻彩詠香江」亦再度加強。維港兩岸有三幢大廈及一個景點加入匯演，而部分大廈的燈光效果和音響效果亦都同步加強，三幢大廈樓頂，仲會喺逢星期六發放煙火。令到今個冬日維港更加璀璨，最佳觀賞位置，位於尖沙咀香港文化中心外沿海一帶。

我知道不少旅客都鍾意在冬日來香港，歡度佳節，尤其是短途市場旅客。今年，我哋首次舉辦全港最大型的戶外光影盛會，結合光影、音樂及娛樂元素，將城中不同景點及機構舉辦的特色節慶活動一併推廣，希望吸引旅客，將香港作為冬日假期的首選目的地。

2018 年 11 月 30 日

Happy New Year

　　仲有幾日，就到 2019 年。旅發局今年繼續於除夕夜，喺維港上空舉行煙火音樂匯演，同大家一齊迎接新年，送上第一份祝福。

　　香港嘅除夕煙火音樂匯演，一直係世界矚目嘅跨年活動之一。每年都吸引好多國際媒體報導，好似 CNN、BBC 都有直播匯演嘅盛況，深受本港市民同埋遊客歡迎。今次匯演，唔單止有煙花，仲有音樂配合，聲畫同步合奏。煙花同燈光效果，將隨音樂節奏幻變，整個匯演效果更加特別。另外，我哋仲會運用不同煙花，以及不同位置嘅燈光，製造出多層次嘅視覺效果，相信會非常精彩。

　　每年，我哋都會為煙花圖案設計加入新意。今年亦

唔例外，我哋首次採用多次獲得國際獎項嘅意大利煙花，呈獻全新嘅「星空萬花筒」。煙花圖案，猶如「萬花筒」一樣變化，顏色亦會隨着轉變，令人目不暇給。另外，匯演壓軸一段，更會在短短一分鐘內展現 45 款不同的煙花圖案，有不同花卉圖案、糖果圖案，仲有一直大受歡迎嘅笑臉同心形等，猶如繁花，在天空中一同綻放，將維港上空化為一片美麗嘅花海。

除咗煙火匯演，當晚我哋仲邀請到人氣歌手喺尖沙咀文化中心觀景台表演，包括林子祥、新晉人氣男子組合 Mirror 及人氣歌手江海迦（Aga）等。精彩表演亦將即時投射至文化中心外牆，仲會透過電視和網上頻道作直播。除此之外，「許願流星」每年亦都大受歡迎，三座位於港島嘅建築物樓頂將會繼續發放四色「許願流星」煙火，大家記得抓緊機會許個新年願望。

我哋期望，今年嘅匯演可以繼續為香港帶來國際曝光機會，有助香港繼續發展成為全球最受歡迎嘅旅遊城市。最後，祝願 2019 年香港更加璀璨繁榮。

2018 年 12 月 28 日

強化香港「雙門戶」角色

過去一年，旅遊業發展向好，特別是港珠澳大橋和高鐵香港段通車。香港作為連繫內地和國際「雙門戶」的優勢更加突出，相關行業的發展亦都因而受惠。

上個月舉辦的香港國際旅遊論壇，就以「連繫『一帶一路』 匯聚粵港澳大灣區優勢」為主題，探討如何把握「一帶一路」倡議及大灣區建設的機遇，推動區域旅遊發展。事實上，香港作為連接大灣區城市與全球市場的重要門戶樞紐，完全可以善用大灣區龐大旅遊潛力，在推廣「一帶一路」國際旅遊發展中擔當重要角色。

回顧 2018 年，粵港澳三地交通往來進一步便利，進一步形成「大灣區一小時旅遊圈」。睇番數字，去年頭 11

個月，整體訪港旅客人次超過 5,800 萬，按年上升逾一成。其中十一月份整體訪港旅客，按年增長達兩成。不論內地、國際市場及過夜、不過夜旅客數字均有增長，可以睇到兩大跨境交通基建開通，為香港帶來更多旅客增長。

一直以來，旅發局積極推廣「一程多站」旅遊，做了大量宣傳工作。去年，我們專程去到東京舉辦「Greater Bay Area Showcase」旅遊展覽。粵港澳三地首次攜手，在海外推廣大灣區旅遊新體驗。除此之外，旅發局亦積極推廣香港作為郵輪母港，加強同鄰近城市港口的合作，推出「高鐵＋郵輪」、「大橋＋郵輪」等不同旅遊產品，推動「一帶一路」沿線國家和地區郵輪旅遊的發展，為旅客提供更多不同選擇。

旅發局將繼續把握機遇，加強同廣東和澳門的合作，於海外市場進行推廣，聯手打造大灣區旅遊品牌。同時，我們也會把握新年傳統旅遊旺季，舉辦同協助推廣不同節慶活動，吸引更多過夜訪港旅客。

2019 年 1 月 11 日

街馬鬧市開跑

香港人愈來愈注意健康同運動，跑步更由一股熱潮變成很多人的日常活動。上星期日，由「全城街馬」主辦的「香港街馬 2019」就喺九龍東鬧市開跑。我都有去幫手主禮響槍，支持一下各位跑手，感受一下現場熾熱氣氛。當天早上天氣涼爽，跑手們都話會有唔錯嘅表現。

「街馬」，今年繼續以九龍東一帶作為主要路線，設有半馬同 8 公里，途經觀塘、九龍灣一帶，再經啟德隧道、東九龍走廊，去到土瓜灣遊樂場做終點。賽道穿過唔少大街小巷，亦跑上高架公路和隧道，真係名副其實的「街馬」。「全城街馬」是一所社會企業，他們相信跑步不單為跑手帶來樂趣，更能為跑手自身、身邊人以至社區帶

「香港街馬 2019」穿梭九龍東鬧市，賽道除了穿越不少大街小巷，亦跑上高架公路和隧道。

來正面改變。我都覺得佢哋嘅理念唔錯，佢哋一直以青少年為服務對象，今次活動亦都係為「街跑少年」、「街跑一隊」、「基督教正生會」以及「香港青年協會家長全動網」等活動籌款，鼓勵社會一同關心青少年嘅成長。

近年，身邊愈來愈多朋友注重健康同運動，唔少朋友更去參加各種各樣嘅跑步活動。我知道，而家差不多每個周末和周日，在香港不同地方也有大大小小的賽事，每個賽事由幾百到幾千人不等，有啲係 fun run，有啲仲可以帶埋寵物一齊跑，有啲就係競賽。賽事唔單止係石屎路上

嘅 10 公里或者半馬「路賽」，近年仲愈來愈多朋友參與以行山徑為賽道的越野賽和「山賽」。朋友們同我講，通常佢哋一係早上返工前晨跑練習，一係就周末同三五知己一齊享受行山樂，既可鍛煉身體，亦可聯誼相聚。

講到運動潮流，發展體育盛事，一直係我哋推廣香港嘅方向之一。旅發局每年都會主辦大型體育盛事，同時支持不同國際賽事，希望吸引更多旅客來港參賽觀賽。嚟緊下個月，又到渣馬賽事，報咗名嘅朋友一定要抓緊訓練了。其實，跑步唔單止可以從訓練中改善體能，亦可以培養出樂觀進取、永不放棄的馬拉松精神。香港精神，其實就是馬拉松精神。

2019 年 1 月 18 日

花車巡遊迎豬年

仲有唔到兩星期，就踏入豬年。今年，旅發局會繼續喺大年初一晚舉行新春國際匯演，為旅客同埋市民帶嚟一個熱熱鬧鬧嘅晚上，感受香港動感一面。

今年新春國際匯演，繼續以「開年開運開心」為主題，有花車、有表演，展出嘅 9 部花車體積將會較以往大，視覺上更加悅目。喺花車上面，將會見到各式各樣嘅豬仔，迎合豬年，仲有好受大人細路哥歡迎嘅卡通人物。大家沿途觀賞花車嘅同時，仲可以玩吓由優質旅遊服務協會推出嘅手機 AR 遊戲，有足金金豬、現金禮券等豐富禮物，讓大家過個肥年。

至於表演，今年將有 25 支中外表演隊伍參與演出。

當中 13 支來自唔同地區嘅表演隊伍，包括曾參加電視節目 America's Got Talent、着住高踭鞋跳舞而爆紅嘅菲律賓男子組合「Junior New System」，由美國遠道而來嘅 hip-pop 芭蕾舞蹈團等。佢哋嘅表演片段，喺社交平台上「洗晒版」。當然，唔少得嘅就係有多位世界紀錄保持者嘅組合，送上各種高難度並極具娛樂性嘅表演，到時一定唔會令大家失望。

新春國際匯演，由 1996 年開始舉行。眨吓眼，今年已經嚟到第 24 屆，好開心經過各方多年來嘅努力，花車匯演已經成為一項世界級盛事。咁多年嚟，匯演一共吸引咗幾百萬人次嚟到現場觀賞，仲有近 3 萬名嚟自 30 個唔同國家同埋地區嘅表演者，專程嚟到香港演出。整個匯演為香港累積帶嚟約 100 億嘅宣傳效益。當然，匯演亦都係唔少旅客同埋香港市民年初一嘅必備節目。

大年初一晚上 8 點，巡遊隊伍將由尖沙咀香港文化中心廣場出發，途經廣東道、海防道及彌敦道，以喜來登酒店為終點。匯演開始之前，仲會有熱身派對，記得一齊喜迎豬年！

2019 年 1 月 25 日

支持發展電競產業

近年，電子競技已經開始形成巨大的產業鏈，逐步發展成為一項具有經濟增長潛力嘅新興產業；同時，電競亦逐步列為體育運動項目，更會在 2022 年杭州亞運會，成為正式比賽項目。我覺得，電競可以為年青人提供更多發展機會，將興趣同事業結合，更有助促進香港經濟多元發展。雖然，我還未有涉獵電競行業，不過我一直看好呢個 sector，而且，我亦一直希望推動電競賽事成為香港旅遊盛事，為年青人提供一個屬於佢哋嘅平台。

今個星期，特首同我都獲邀為一間新設喺旺角鬧市嘅電競館開幕主禮。電競館佔地約 25,000 平方呎，係亞洲最大嘅綜合電競館。呢間電競館，係由三位年青人創立。

163

位於旺角的電競館是亞洲最大的綜合電競館，期待香港電競產業更上一層樓。

佢哋希望打造一個電競愛好者嘅聚腳地，除咗訓練電競生力軍之外，仲可以舉辦講座同專業電競比賽，嚟緊亦有不同賽事喺度舉行。另外，我都知道電競場館嘅牌照問題一直困擾業界，特首致辭時都提到要改善電競業界營商環境，希望政府快啲有好消息出台。

其實，旅發局過去已經連續兩年舉辦「香港電競音樂節」，2017 年嘅首屆盛事就成功帶嚟超過 1 億 5,000 萬元嘅全球宣傳效益；去年我哋再接再厲，移師會展並展出多款最新電競遊戲同產品，不但吸引一班年青朋友，亦為香

港帶來唔少國際曝光。

電競運動已經喺去年印尼雅加達亞運會上作為示範項目，香港代表更喺賽事中取得咗一面金牌；到咗 2022 年杭州亞運會將會成為正式比賽項目。近年政府積極推動創科發展，喺數碼港嘅電競場館亦密鑼緊鼓，相信將來可以為年青人提供更多發展機會，當然最希望將來我哋嘅年青電競人才，可以喺國際舞台上為香港為國家爭光。

2019 年 2 月 1 日

豬年大吉

恭喜發財！豬年首篇專欄，首先祝願大家諸事順利！身體健康！

香港嘅農曆新年，非常熱鬧。其中，旅發局舉辦嘅「新春國際匯演之夜」，係唔少旅客同埋香港市民年初一嘅必備節目，同時亦為香港帶嚟唔少國際曝光。今年，好高興特首親臨主禮。當晚，除咗有各式各樣嘅花車外，來自世界各地嘅表演亦都非常精彩。當中，不少是國際級表演團隊，甚至世界紀錄保持者，真係令人目不暇給。除此之外，仲有年宵花市、初二煙花匯演、賀歲賽馬、香港許願節等等，好多精彩嘅賀歲活動同埋好去處。旅發局亦都把握呢個黃金旅遊檔期，聯同業界喺客源市場推廣以新春節

慶為主題嘅旅遊產品，希望吸引世界各地旅客，親身來感受香港傳統節慶特色同地道文化。

睇番旅客數字，2018 年訪港旅客增長創 16 年來新高。當中，訪港過夜旅客數字接近 3,000 萬人次，比 2017 年上升近半成，國際市場數字維持平穩，內地旅客則延續 2017 年的升勢，加上高鐵香港段及港珠澳大橋的開通，上升約 7%。嚟緊香港仲有不少重要基建工程，例如，正在興建嘅機場三跑，將進一步強化香港作為旅遊樞紐角色，為旅遊業帶來機遇。大灣區旅遊生活圈，逐漸形成，過年出行亦都更加方便。將來，如果可以進一步拓展以香港為起點的大灣區「一程多站」旅遊，相信可以吸引更多外地過夜和高消費旅客，保持香港旅遊業長遠競爭力。

希望 2019 年香港旅遊業繼續平穩發展，帶動各行各業經濟持續繁榮發展。

祝願香港新一年，政通人和，百業興旺！

2019 年 2 月 15 日

「盛事之廳」「喜事之廳」

經過近 4 個月試業，香港海洋公園萬豪酒店今個星期正式開幕，啱啱喺星期二元宵節晚上，我哋舉行咗盛大開幕酒會，好高興得到行政長官、中聯辦副主任、同埋外交部副特派員，仲有一眾政商界、演藝界以及傳媒朋友支持，一齊嚟 join 我哋嘅開幕酒會。

海洋公園一直致力保育大自然，我哋酒店設計都係以海洋為主題。步入大堂首先會見到一個 16 米高，垂直跨越三層樓嘅圓柱型水族館。水族館養殖咗人工珊瑚礁，依家正在逐步放置不同魚類，令人有一種猶如置身於海洋世界嘅感覺。

除此之外，酒店仲有兩大特色：第一個係酒店設有一

海洋公園萬豪酒店開幕，希望將宴會廳打造成「盛事之廳」、「喜事之廳」。

個全港島最大嘅 1,200 平方米無柱式酒店宴會廳，適合舉辦各種大型酒會、會議同埋喜宴。香港係享譽國際嘅盛事之都，大事、喜事特別多，中央啱啱公佈咗大灣區發展綱要，噚日嘅宣講會亦都喺度舉行。我哋希望喺大家嘅支持下，將海洋公園萬豪酒店嘅宴會廳打造成「盛事之廳」、「喜事之廳」。

另一個係綠色環保。酒店不單喺建築上採用環保物料，裝設雨水循環系統，而且嚴格按照世界自然基金會嘅標準，選用可持續發展嘅海產食材，讓旅客喺享受佳餚之餘，亦可以為環保出一分力。支持環保，係大潮流，希望

藉着海洋公園嘅優勢，將酒店打造成「環保酒店」、「綠色酒店」。

海洋公園不單滿載着港人嘅快樂回憶，更享有全球最佳主題公園嘅美譽。萬豪酒店品牌往績超卓，係全球具有領導地位嘅酒店管理集團。我哋好高興可以「強強聯手」，希望為海洋公園和南區增添活力，為市民同訪港旅客提供更加精彩和多元化嘅旅遊度假體驗。隨着跨境基建相繼落成開通，粵港澳大灣區建設全面推進，相信香港嘅旅遊業及酒店業前景一定更加廣闊。

2019 年 2 月 22 日

繼續前行

旅發局每年都會舉辦「香港旅業展望」簡報會，向業界朋友介紹新一年的推廣策略同工作計劃。今年以「尋突破掌機遇」為題，探討在這瞬息萬變的時代，香港旅遊業所面對的機遇和挑戰。

今次，係我最後一次以旅發局主席身份，與大家分享對旅遊業發展的看法。從 2008 年全球經濟衰退，到 2017 年旅遊業全面復甦，香港旅遊業經歷了充滿挑戰的 10 年。面對挑戰，旅發局以發展盛事旅遊作為推廣策略之一。過去 12 年，旅發局積極推動引入多項嶄新大型盛事，好似香港龍舟嘉年華、香港電競音樂節、香港單車節、香港美酒佳餚巡禮、香港郊野全接觸，仲有閃躍維港燈影

節等等，打造香港成為亞洲盛事之都。同時，我哋亦加強海外推廣。同政府、業界以及周邊城市積極合作，開拓不同客源市場，吸引更多過夜和高消費旅客。近年大型基建陸續上馬，港珠澳大橋、高鐵、西九戲曲中心相繼落成，我們與大灣區城市攜手推廣「一程多站」旅遊合作。香港作為連繫內地和國際雙門戶的優勢就更加突出，旅遊業發展亦因而受惠。

旅發局嘅工作，當然有唔少難忘回憶。我記得 2014 年嘅美酒佳餚巡禮，因為受「佔中」影響，臨時要由中環移師啟德郵輪碼頭。短短三個星期裏面，我哋要同政府部門溝通，同參展酒莊、贊助商解釋，推出優惠吸引人流，仲要安排接駁巴士物流等，最後活動都順利舉行，實在有賴旅發局團隊嘅齊心協力，高效應變。

眨下眼，我服務咗旅發局已經 12 年。非常榮幸可以同政府、業界朋友、社會公眾、以及旅發局一班同事一起同行打拼；亦十分多謝傳媒朋友大力支持旅發局的工作。我稍後將會在貿發局新崗位上服務，喺推廣香港商貿發展的道路上，繼續與各位前行。

2019 年 3 月 29 日

資料鏈接

1. 香港近年旅遊業發展概況

面對內外環境不少挑戰，香港旅遊成績近年仍碩果纍纍。根據香港旅遊發展局資料，2017 年訪港旅客數字在連續兩年下跌後重拾升軌，整體旅客數字上升 3.2%，過夜旅客數字更有 5% 增長。至 2018 年，全年整體訪港旅客更達 6,515 萬人次，較 2017 年升 11.4%，破歷年紀錄；全年訪港內地旅客累計達到 5,103 萬人次，是首次突破 5,000 萬。

為加強香港旅遊發展，旅發局多年來推出資助計劃，鼓勵業界開發更多富有創意的嶄新觀光產品，讓旅客能夠

進一步探索香港的魅力。旅發局並透過舉辦和宣傳數十項不同類型的活動，加大盛事規模和注入更多新元素，鞏固香港作為「亞洲盛事之都」的定位，包括首辦「香港電競音樂節」、「香港單車節」，引入國際單車聯盟亞洲巡迴賽1.1 級公路賽，舉辦歷屆最大型的「香港美酒佳餚巡禮」，推出全新版本的「幻彩詠香江」，推動全新地區推廣計劃「舊城中環」等。

旅發局還積極推動「一程多站」、「郵輪旅遊」、「會展旅遊」等旅遊新概念，近年廣獲業界響應和旅客歡迎，為香港旅遊和經濟發展尋找了新增長點；加上旅發局推出展現香港特色的「盡享・最香港」全新品牌項目，訪港旅客的旅遊體驗得以全面提升。

香港多年來保持世界級旅遊目的地的地位，近年屢獲殊榮，旅遊發展備受肯定。香港於 2018 年英國市場研究機構歐睿國際（Euromonitor International）的全球百大旅遊城市排行榜中，連續 8 年成為全球最受歡迎的旅遊城市；在世界旅遊大獎 2018 中，香港獲選為「2018 全球領先商務旅遊目的地」；在 2018 亞洲旅遊「紅珊瑚」獎中，香港獲選為「最受歡迎旅遊目的地」。

宣傳推廣效益方面，旅發局網站 DiscoverHongKong.

com 於 2017 年有超過 1 億 2,000 萬的瀏覽量，全球公關宣傳效益超逾 70 億港元，旅發局的社交媒體平台已擁有超過 1,000 萬的追隨者。

2. 粵港澳大灣區

粵港澳大灣區（Guangdong-Hong Kong-Macao Greater Bay Area，簡稱 GBA），是由香港、澳門兩個特別行政區和廣東省廣州、深圳、珠海、佛山、惠州、東莞、中山、江門、肇慶 9 個地級市組成，總面積 5.6 萬平方公里，2018 年末總人口已達 7,000 萬，是中國開放程度最高、經濟活力最強的區域之一。

推進粵港澳大灣區建設，是國家主席習近平親自謀劃、親自部署、親自推動的國家戰略，是新時代推動形成全面開放新格局的新舉措，也是推動「一國兩制」事業發展的新實踐，在國家發展大局中具有重要的戰略地位。

2017 年 7 月 1 日，在習主席見證下，國家發展和改革委員會與粵港澳三地政府在香港共同簽署《深化粵港澳合作　推進大灣區建設框架協議》，為大灣區建設訂下合作目標和原則，亦確立合作的重點領域。

2019 年 2 月 18 日，中央正式公布《粵港澳大灣區發

展規劃綱要》，標誌着大灣區建設邁上新台階。

　　中央相關部委和粵港澳三地政府一直以創新開放的思維尋求政策突破，共同推進粵港澳大灣區發展。在中央的大力支持下，香港特區更積極主動融入國家發展大局，開拓發展新空間，增添發展新動力，為香港社會各界特別是年輕人，帶來發展新機遇。

3. 盛事旅遊

　　盛事旅遊是指城市透過舉辦大型國際文化、體育和娛樂盛事，吸引外地遊客觀光，增加在國際的曝光率，提升國際形象。最著名的例子有奧運比賽、世界盃等。為提升香港的旅遊吸引力，並豐富旅客在港的體驗，特區政府不遺餘力地將香港打造成「盛事之都」，推動盛事旅遊的發展，現時每年在港舉辦的盛事不下數十項，不少更已成為香港的國際品牌，包括香港國際七人欖球賽、國際汽聯電動方程式賽車錦標賽、渣打香港馬拉松、龍舟嘉年華、巴塞爾藝術展、Clockenflap 香港音樂及藝術節等。

4. 一程多站

　　「一程多站」是指一種獨特的旅遊模式，即旅客在一

次旅程中去多個國家或城市遊玩，是近年國際流行的旅遊模式。香港位處東亞的中心點，不少旅客會採取「一程多站」模式，訪港後前往鄰近地區旅遊。為推動香港旅遊業發展，旅發局積極拓展「一程多站」旅遊，如深化與珠三角地區的合作，共同向內地以及海外消費者推廣包含香港在內的「一程多站」行程及旅遊產品；繼續加強與其他旅遊目的地，特別是「一帶一路」沿線地區在推動「一程多站」旅遊方面的合作，吸引更多國際旅客到訪香港及區內其他旅遊目的地。

5. 深度遊

隨着內地中產與富有階層迅速壯大，對多元化旅遊產品的需求正逐漸增加，「深度旅遊」正是其中之一。與傳統旅行團跑景點、購物消費為主的觀光模式不同，「深度遊」旅客以特色、深刻的旅遊體驗為目標，願意花更多時間深入探索所到之處的風土人情，體驗當地生活，或是進行主題式的旅遊計劃，發掘鮮為人知的文化珍寶。近年來，香港亦出現不少「深度遊」旅行團，帶領旅客從傳統文化、電影、自然生態、舊建築等不同角度認識香港。

6. 郵輪旅遊

郵輪旅遊是全球旅遊業中增長最迅速的市場類別，吸引世界各地高消費能力的旅客參加。其中，亞洲因為其獨特的魅力和豐富的旅遊資源，吸引郵輪經營商不斷設計全新行程及開發旅遊產品，日漸成為廣受國際歡迎的郵輪旅遊目的地。香港在郵輪旅遊發展上，擁有多重優勢，包括：維多利亞港水深寬闊、位處亞太區的策略性地理位置，並提供郵輪行程的多種選擇、完善的郵輪停泊設施等。特區政府特意就郵輪旅遊發展訂定具體策略，例如帶動更多郵輪調配到香港、建立香港作為郵輪旅遊目的地、發展多元化的郵輪旅遊客源市場，以及提升香港在國際郵輪業的地位。

7. 香港單車節

「香港單車節」（Hong Kong Cyclothon）是由香港旅遊發展局主辦的體育盛事活動，2015 年首次舉辦已吸引約 100 位來自世界各地的專業單車手到港，進行國際單車聯盟認可的繞圈賽，以及 1,700 名選手參與「35 公里挑戰組」。比賽路線覆蓋香港多個著名地標，包括首度開放予單車賽事的青馬大橋，參與者享受騎行樂之餘，亦能飽覽

香港美景。為鼓勵全城市民多運動、行善助人，活動並設「兒童及青少年單車樂」、「10 公里悠遊組」及「總裁慈善單車遊」等單車項目。2018 年，「香港單車節」更吸引逾 5,000 位騎士參加，當中包括雲集 11 支世界巡迴單車隊、3 支職業洲際車隊以及東道主香港隊的 Hammer 香港站賽事。

8. 香港電競音樂節

電競是世界潮流，廣受年輕一代歡迎。旅發局為吸引世界各地的年青人來港旅遊，於 2017 年 8 月 4 日至 6 日首辦「香港電競音樂節」，以全球最受歡迎的電競遊戲「英雄聯盟」為題舉行世界邀請賽，邀請了北美洲、歐洲、港澳台及內地的職業電競選手爭奪冠軍殊榮，同場亦設有大型嘉年華會，舉辦電競產品展覽、虛擬實境試玩體驗等活動，3 場賽事共有約 500 萬人觀看全球實時直播，6 萬人次入場參與活動。2018 年，第二屆「香港電競音樂節」更創下 8 萬人次入場的紀錄，間接為本港帶來價值超過 1.5 億元的宣傳效益。

第二章

文創產業

六十年後重演牡丹亭驚夢

香港是個古今中西文化共融的城市，有本地電影、荷李活大片，亦有饒富韻味的傳統粵劇。粵劇於 2009 年獲聯合國教育、科學及文化組織列為《人類非物質文化遺產代表作名錄》，成為香港首項世界非物質文化遺產。

粵劇，在我們細路哥的時候，絕對是主要娛樂。粵劇寶貴之處，不只因為它是「歷史悠久」的集體回憶，當中的曲詞，更是滿滿的文學底蘊，用詞精煉，很多曲目亦是出自名著。粵劇劇作家唐滌生先生的作品更是殿堂之作，其中的經典——任白戲寶《牡丹亭驚夢》，於 1956 年於利舞台首演，闊別 60 年後，今年將再現演藝學院舞台。

今次邀請到任白入室弟子陳寶珠、梅雪詩（阿嗲）領

衛主演，合演的還有多位大老倌：尤聲普、任冰兒、阮兆輝、廖國森等。今次《牡丹亭驚夢》演出消息公佈後，吸引大批忠實戲迷，訂飛柯打接不停，唔少戲迷大呻「撲飛」艱難。加場後，現在共演出 16 場。寶珠姐仲同大家講，而家每周練功練足 5 日，要以最佳狀態示人。

於 1956 年於首演的《牡丹亭驚夢》，2016 年於演藝學院重演。

香港地少人多，社區文化娛樂用地緊張，戲院數目不在話下，粵劇戲曲演出場地更是買少見少。位於北角的新光戲院，幾經波折才得以繼續經營。大家知道，創作人最怕無地方展示作品，如果可以增加演出場地，讓市民接觸多啲，培養更多年青觀眾羣，絕對有助傳統文化的承傳，對業界和香港文化發展來說，係一件好事。

粵劇盛行於珠江三角洲一帶，是廣東文化的精髓。而

香港的粵劇，更加有其特色，絕對值得保育。要讓粵劇獲得承傳，就要讓它獲得自己的生命。粵劇不僅是一個傳統藝術行業，它更有深厚文化歷史，如果加上文化產業的概念，在全球化大趨勢下，絕對有機會成為一個粵劇百老匯。

2016 年 3 月 4 日

激勵新一代潮人創業發展

　　香港的潮州人有一百多萬，約佔六分之一人口。去年10月，「香港潮州節」一連五日在遮打花園舉行，載歌載舞推介潮汕地區傳統文化。在 20 多個攤位中，有雕刻、功夫茶、滷鵝、手打牛丸等各式各樣潮州工藝、美食，吸引超過 10 萬人次到場參與，成為城中美事。潮州人遍佈五湖四海，同根同祖，一句「gakinang（家己儂）」就可聚埋一齊。

　　潮州人敢拼搏，揚名全球，英才輩出。喺嚟緊 3 月 21 號，潮屬社團總會就首次舉辦「潮拼天下」頒獎禮。表彰在各行各業表現出色，嶄露頭角嘅新一代潮人。希望藉此展現中青年一代潮人嘅活力，凝聚和突顯團結拼搏的精

神。頒獎禮獲得百歲高壽的潮籍大師饒宗頤教授親賜墨寶「潮拼天下」。除此之外，我們還將透過籌款設立「創意創新基金」，激勵年青一代潮人傳承團結拼搏精神，提供資金支持他們創業，為香港發展打拼。青年是我們的未來，帶領青年成為社會建設的棟樑，是我們的使命。

我知道社會上唔少年青人都有創業意願，唯缺乏資金和專業指導。獲獎嘅潮人分享奮鬥經歷、創業經驗，「創意創新基金」提供資金支持，相信對剛步入社會的年青人來說，會是人生路上的寶貴資源。

拼搏才會贏，香港人正是如此。自開埠一百多年，來自不同地方的人聚到香港，共同打拼，見證香港由一個小漁港變成國際大都會。香港有今時今日的發展，建基於過去幾代人的努力，經歷無數風雨、捱過重重艱苦，才有今日穩定安樂的社會環境。香港的未來需要我們一同打拼、薪火相傳，將團結拼搏精神延續下去。我諗無論來自何方，只要身處獅子山下，就係一家人，就應該齊創香港美好將來。

2016 年 3 月 18 日

香港心 家鄉情

「賞心樂食 Together」美食文化節，上星期在維園圓滿結束。六個展區，合共 120 多個攤位，一連六日，展現包括客家茶粿、泰式串燒、福建媽祖平安麵、廣西防城港金花茶、廣東中山炸鯪魚球、潮州滷水鵝等多地特色美食，還有各地方特色文化表演及工藝製作等。活動吸引超過 23 萬人次到場。好多市民都係一家大細專程嚟，品嚐家鄉美食，體驗家鄉風情。

活動前一天，橫風橫雨，不禁為在現場打點準備的同事及鄉親緊張。好在，天公造美，在開幕前幾個小時開始放晴，出猛太陽，由本來擔心風雨影響活動，到開幕儀式時，在場幫手的、主禮的，人人都汗流浹背。

「賞心樂食 Together」美食文化節展現多地特色美食，吸引不少市民一家大細專程品嚐家鄉美食。

其實，今次「賞心樂食 Together」的靈感，是來自於去年 10 月舉辦的「香港潮州節」。今次活動移師維園，由民政事務局支持，梅州聯會、僑界社團聯會、福建社團聯會、廣西社團總會、廣東社團總會及潮屬社團總會六大社團聯手主辦，同香港人一齊尋根。講到尋根，今個星期，浙江同鄉會聯合會主辦的「美麗浙江」嘉年華，亦在維園開鑼，一連三日的嘉年華，讓市民感受美麗浙江的特色。

我們的父輩，好多都由不同地方聚到香港生活，打拼多年，立足香港，但對於家鄉依然有着一份難捨的情懷。

土生土長的年輕一代，或許感受沒有老一輩那麼深。所以，今次活動正好是個機會，以各地美食揉合文化歷史，讓大家在品嚐美食、欣賞工藝之餘，亦能多了解自家家鄉的文化，體驗當地的風土人情。

正如林鄭司長主禮發言時所述，我們十分期待下次活動可以再「搞大啲」，有更多社團參與，帶給市民和旅客更多不同地方的文化和美食。為市民尋找家鄉情，亦可凝聚香港心，仲可以吸引旅客，一齊欣賞香港，一舉數得。

2016 年 4 月 29 日

願粵劇愈做愈興旺

香港係一個匯聚不同文化的國際城市，有港產粵語電影，又有荷李活大片；有廣東歌，亦有近來大吹的韓風 K-pop。上星期六，我們可以在香港睇到 4D 演唱會，亦可以觀賞傳統粵劇。我細細個就開始睇粵劇㗎啦。粵劇，或者叫做大戲，不單是廣東的傳統藝術文化，更在 2006 年名列第一批國家級非物質文化遺產名錄之內。2009 年，更獲聯合國教科文組織列入人類非物質文化遺產名錄，獲得國家及國際肯定。

上星期六晚，我去演藝學院欣賞咗一場大戲，劇目係任白四大戲寶之一《牡丹亭驚夢》。由粵劇名伶陳寶珠和梅雪詩（阿嗲）領銜主演，一連演出 20 場。兩人的師傅正

是當年喺劇中飾演「杜麗娘」嘅仙姐白雪仙女士，今次《牡丹亭驚夢》闊別 60 年後再現舞台，仙姐亦有到場支持。

首演當日，適逢仙姐 88 歲生日。演出謝幕之後，我哋一齊為仙姐賀壽，有同場欣賞的林鄭司長，更送上鮮花，俾仙姐一個驚喜。仙姐自小拜師，全心投入粵劇事業，今次見到自己嘅代表作再現舞台，當然好開心。佢仲話「有朋友們的鼓勵，粵劇才會永永遠遠興旺。不是愈做愈式微，要愈做愈進步，愈做愈興旺！」

今時今日，好多年輕人好 buy「本土文化」。其實，粵劇正是香港本土文化精髓之一。粵劇不少劇本，以中國歷史作為故事背景，而且當中廣東話對白用字精鍊，絕對值得我們保育和傳承。可惜嘅係，後生一輩識得欣賞粵劇嘅人已愈來愈少。政府正在推動的「西九文化區」，當中「戲曲中心」更有望成為區內首個落成的項目，希望這樣有助培養觀眾羣。

其實，「本土文化」的底蘊深厚，單是說當中的本地粵劇與香港社會的互動，也可以說上三天三夜。這是一個老中青也值得研究的課題。

2016 年 5 月 13 日

當創意遇上資本

近年文化及創意產業嘅話題好 hit，文創產業是好多國家發展最快的產業之一，對經濟增長的貢獻愈來愈大。內地「十三五」規劃，亦提出要推動文化產業成為國民經濟支柱性產業。而喺香港，除了傳統四大產業之外，文化及創意產業是具有明顯優勢可進一步發展的六項產業之一。2009 年至 2013 年香港文化及創意產業每年平均增幅達 9.2%，高於本地 GDP 平均增幅。

嚟緊星期一，香港文化產業界有一項盛事，由香港文化產業聯合總會主辦嘅首屆「文化產業高峰論壇」將在金鐘港麗酒店舉行。論壇主題是「文化產業，創意經濟——當創意遇上資本」。我哋希望今次論壇可以成為一個平

台，匯聚業界精英，讓大家有機會坐低交流互動，分享成功經驗，一齊探討文化產業的發展方向。

今次論壇講者陣容鼎盛、星光熠熠，不單有來自內地的知名企業家，愛奇藝創辦人、首席執行官龔宇先生，復星集團全球合夥人唐斌先生；還有多位演藝界人士，包括曾參與《生死豪情》（*Courage Under Fire*）、《水銀蒸發令》（*Mercury Rising*）等多部電影製作的著名動作電影製作人、荷李活電影投資人 Mr. Joe Singer，以及韓國知名歌手、音樂製作人 Mr. Park Jin-young。Mr. Park 亦是一位經理人，培養了不少新晉歌手。除此之外，論壇仲特別請到近期人氣爆棚嘅黎明，以及著名導演劉偉強、陳慶嘉出席對談。

另外，為咗表揚香港的傑出文化創意企業和機構，今次論壇仲特別舉行「文化及創意大獎」頒獎典禮，以表揚在本地文化及創意業界有出色表現的企業和機構，鼓勵佢哋繼續努力，展現香港文創產業發展的成就。

香港，係一個充滿活力和創意的國際都會，我哋嘅文化創意產業，一直都蓬勃興旺。無論港產電影、流行音樂，還是設計、小說、漫畫等，在亞洲以至全世界都深受歡迎。而面對當前「一帶一路」的發展機遇，文創產業如

何把握投資機遇走向世界？是值得我們探討的課題。我認為，星期一嘅論壇係一個開始，希望可以令大家有更多思考，期待香港的文化創意產業發展繼續輝煌，引領潮流。

2016 年 6 月 3 日

金句王：各自搏殺

　　香港的文化創意產業一直蓬勃興旺，在不同的創作領域，面向全球，都十分受歡迎，譬如，港產電影早在上世紀 80 年代已風靡全球。香港文化產業聯合總會（文聯會）於剛剛的周一舉辦「文化產業高峰論壇」，匯聚業界翹楚，探討在「一帶一路」發展機遇中，文創產業該如何把握投資機遇，走向世界。

　　論壇得以成功舉行，首先要感謝一眾主禮嘉賓、專家學者、業界朋友的鼎力支持，德高望重的董建華先生更親臨主禮。雖然，當日早上天文台兩度發出黃色暴雨警告，但都無礙大家的熱情，現場超過 300 座位全部爆滿。

　　今次論壇以「當創意遇上資本」為主題，愛奇藝首席

2016年，香港文化產業聯合總會舉辦「文化產業高峰論壇」。

執行官龔宇先生、復星集團黃競彥女士、韓國知名歌手及經理人朴軫永先生，以及 Herouville Media 創辦人 Mr. Stephane Marchi 等，各自分享發展創意經濟的經驗和看法。導演劉偉強寄語年輕人放下身段和成見，衝出香港，北上發展。「金句王」黎明暢談「創意與潮流」，為全場帶來不少歡樂和啟發，他鼓勵年輕人追求創意理想，「做好自己應該要做的事，各自搏殺，自然就會時間到，機會到。」論壇主持鄭丹瑞（阿旦）笑言：「早起身的黎明一樣句句金句，受益不淺。」論壇結束後，不少人都爭住同黎明、朴軫永 selfie「集郵」。

年輕人關注本土文化，黎明都有心有力，即場提議投入資金，發掘有唱歌、作曲、填詞或二次創作才華的人，將歌曲放在新媒體俾大家下載，賺到錢投回「小社區基金」。他希望可以改變音樂模式，培養本土音樂人，為年輕人提供更多發展機會。

　　近年內地及海外市場愈見龐大，文化創意產業發展興盛，對經濟增長的貢獻愈來愈大。文聯會已委託恆生管理學院許焯權教授的團隊，深入研究產業發展，正在撰寫《香港文化產業白皮書》，期望為業界發展提供政策建議，支持香港文創產業發展。

2016 年 6 月 10 日

I want you 廣東話

香港人，生活緊張，節奏急促。我哋從事娛樂事業嘅，都係希望為觀眾喺生活上帶嚟緩衝同開心，而 talk show，就係香港人生活上的一點調味品。啱啱星期日，我就去咗睇《林海峰是但噏廣東話》。

今次林海峰（阿 Jan）一連六場在紅館開 show，內容圍繞廣東話。阿 Jan 喺 show 入面都話，原來講廣東話都可以賺到錢！當然，佢有一貫嘅嬉笑怒罵數算香港社會現象，舞台設計都充滿香港特色，茶餐廳、巴士站、街舖、仲有垃圾桶添！當然，我最 like 最正個 session，梗係阿 Jan 同阿葛嘅「高山青龍」出場唱廣東歌 jam 餐飽啦。

事實上，廣東話，即係「粵語」的文化市場並不孤單，

淨係講呢次「是但噏」，已經幾乎場場 full house，買飛都唔係咁易。而且，觀眾仲有來自澳門、廣東同東南亞等軟硬 fans，有朋友更是海外華人回港放暑假的。全球以粵語為母語的羣體龐大，主要分佈在粵港澳地區，大家同宗同祖，文化相似，語言相同。除咗港澳之外，廣東的電視台、電台都主要採用粵語廣播，可見粵語在內地也十分突出，就連東南亞、美加都有粵語電視節目，廣東話可以話係普通話以外，數一數二的華人語言。

今時今日香港地，好多年輕人好 buy「本土文化」，是但噏 talk show 講廣東話，唱廣東歌，幽默笑談本地社會現象，仲唔係本土文化之一？其實，阿 Jan 喺 show 入面着住紅色西裝登場時都講，「我係土生土長香港人，我愛香港」。聽到呢句，分外共鳴。我同好多香港人都係一樣，土生土長，熱愛這片土地，這就是香港地。所以，本地文化，絕對係需要我哋承傳落去。有人問我，我撐唔撐廣東話？我答佢：「我呢個專欄，都好似係用廣東話嚟寫㗎嘛！」

2016 年 7 月 15 日

「Pokémon Go」的啟示

平時如果喺公司食完晏，同事都會坐低吹下水，奇怪呢幾日嘅年輕同事，扒完兩啖飯就唔見咗影，原來走晒落街「捉小精靈」。

今個星期城中最 hit 嘅話題，就一定係「Pokémon Go」啦。遊戲周一在港上架，短短幾個鐘已榮登下載 app 榜首，仲要俾佢喺 fb 瘋狂洗版。見到好多中環上班族、甚至身邊同事、朋友，都突然化身精靈訓練員，就連我呢個平時冇咩打機嘅人，都要 download 嚟體驗一下。

中環金鐘附近，就有幾個 Pokéstop 同訓練場。我亦真係見過好多人走在中環街頭，好留心咁望住手機螢幕，但係從他們的神情同動作你一定會知道，佢係一名希望野生

捕獲小精靈的訓練員。佢哋個個猶如個 game loading 版面的一句警告:「stay aware of your surroundings」。

今次 Pokémon Go 風靡全球,其中關鍵就係活用創意。佢用嘅科技,其實已經包含在一部普通的智能手機當中。技術層面上,是將擴增實境(Augmented Reality)加上 GPS 等技術與網絡遊戲結合。不過,有年青人同我講,原來好多八、九十後細細個嗰時,都或多或少會幻想過自己係訓練員喺街上收服小精靈,之後一齊去歷險。因此,用呢 set 技術套上 Pokémon 這個 brand,讓 player 在現實世界「捉小精靈」,這個遊戲已經唔係停留喺「好唔好玩」呢個層次,而係 recall「集體回憶」,令 player 覺得「玩咗個 game 令我好開心」。呢條橋,先係成個 game 的威力。當然,而家都有唔少商場、餐廳甚至主題公園都開始同 Pokémon Go 傾下有冇合作空間,仲有所有 players 的大數據,真係商機無限。

今次熱潮,俾咗我哋一個啟示,創意唔一定要好複雜。好似 AR 技術,其實已發展多年,但係如何將一件事 re-package、mix-and-match、think out of the box, 就係致勝關鍵,是我們應該思考的。有時將手上資源重新 package,都一樣可以好有新意。譬如今年四月的「香港國

際七人欖球賽電車酒吧」，其實電車同酒吧日日都見到，不過 repackage 成為「流動電車酒吧」嘅創意，就帶俾旅客不一樣的體驗。創意，唔單只帶來商機，更重要係可以為我們改進生活。創意解難，唔知可唔可以幫到我哋解開一啲社會上嘅結呢？

2016 年 7 月 29 日

發展區域文創經濟

環顧世界，創意、創新已經成為推動國家或者地區經濟主要動力。文化創意產業，更加成為近年全球的新興產業之一。

剛剛在周一，由香港文化產業聯合總會（文聯會）委託恒生管理學院，做嘅「香港與大中華地區文化及創意產業發展白皮書」，正式發佈。當日我哋仲舉辦研討會，邀請到四位專家擔任嘉賓講者，共同探討大中華地區嘅文化創意產業，包括來自日本的佐佐木雅幸教授、台灣的盛治仁博士、北京的熊澄宇教授以及香港的陳達文博士。

今次研討會，聚焦香港與大中華地區嘅文創產業發展。其實，係想帶出一個「大中華文創經濟圈」嘅概念。

香港文化產業聯合總會於 2016 年，發表「香港與大中華地區文化及創意產業發展白皮書」，並舉辦研討會。

　　兩岸四地，同宗同源，語言文化相通，共同發展文創產業，可以實現優勢互補，形成區域經濟發展，共同把握大中華區文創產業蓬勃發展帶來嘅機遇。

　　近年內地文創產業高速發展，尤其是北京、上海、廣州、深圳等大城市發展更加是一日千里，發展出形形色色的文化產業園區。而喺香港，特區政府已經將文創產業劃成 11 個類別。過去幾年，本港文創產業平均增長比 GDP 升幅更為迅速。2014 年，文創產業佔 GDP 約 5%，為本地創造 21 萬個就業職位。

　　現在，香港有兩個新興產業，雖然冇乜人注意，但其

實已經增長得非常好，一個係「創新及科技」，另一個就係「創意產業」，特別係當中嘅文化產業。

　　有啲朋友可能對文化產業嘅概念比較模糊，今次「白皮書」就係希望讓社會各界，更多了解香港喺文化產業板塊上取得嘅成績。面對國家「一帶一路」倡議，香港如果能把握機遇，而政府喺政策同埋資源上有更多配合，本港文創產業將可以喺「21 世紀海上絲路」文化貿易之中，擔當重要角色。我相信，乘着區域經濟契機，本地文創產業發展可望再創高峰。

2016 年 12 月 16 日

打造文化交流平台

文化的影響力超越時空,不分國界。不同國家之間嘅文化交流,不同文明之間嘅互相溝通,係當今世界發展嘅大潮流。

上星期六,由香港文化產業聯合總會(文聯會)與香港絲路文化協會聯合主辦嘅「一帶一路系列:古絲路文化研討會」,喺香港中央圖書館舉行。我哋邀請到多位學者同專家,包括來自巴基斯坦的賽義德參議員(Senator Mushahid Hussain Syed)、北京清華大學的李希光教授、香港中文大學的金玟求教授,以及余浩然先生、梁曉新先生、李宗鴻先生,佢哋分別以政治、歷史、藝術等不同角度,去詮釋絲綢之路文化以及「一帶一路」發展。

「一帶一路系列:古絲路文化研討會」邀得多位學者和專家詮釋絲綢之路文化以及「一帶一路」發展。

　　對於絲綢之路呢個 concept,有啲朋友可能不太熟悉,但講到文化交流,相信大家一定唔會陌生。香港係一個中西共融、兩文三語、自由開放嘅國際都會,我哋有本土嘅電影、音樂、出版、設計等文化產業,同樣亦有大量來自外國嘅文化產品,不同文化嘅匯聚,為我哋帶嚟更加多姿多彩嘅生活。香港可以話係東西方文化交流嘅重要窗口之一,就好似位於深水埗嘅李鄭屋漢墓,相信不少朋友都去過,金玟求教授演講中話,古墓中穹頂結構的靈感,原來係來自波斯,呢個對研究古絲路文化有重要意義。

巴基斯坦係「一帶一路」沿線重要一站，講到推廣巴國經濟文化，賽義德參議員絕對係個 top sales。佢話中巴友誼源遠流長，巴基斯坦最近建成嘅瓜達爾港，係中巴經濟走廊的重要港口，為中國開通咗一條新航路。佢以深圳作比喻，話瓜達爾港將會成為巴國經濟特區，更建議港商要把握商機，組團去考察吓。

　　「一帶一路」連接不同地區經濟、社會、文化，希望促進區域合作，實現共同發展。香港作為金融貿易中心和航運樞紐，有優秀嘅人才以及連接內地與國際嘅經貿網絡，面對國家「一帶一路」發展，如果我哋可以把握機遇、充分發揮香港嘅獨特優勢，相信可以打造出最理想嘅國際文化交流平台，推動本港文化產業發展再創高峰。

2017 年 2 月 10 日

三月，香港藝術月

　　每年 3 月，香港都有多項藝術活動。當中，不得不提巴塞爾藝術展（Art Basel）。相信對藝術有研究嘅朋友都會知道，Art Basel 係譽滿全球嘅當代藝術展覽會。每年於瑞士巴塞爾、美國邁阿密海灘以及香港三地舉行。雲集不少大師級優秀藝術品，包括雕塑、繪畫、攝影作品等，絕對稱得上係國際級藝術盛事。

　　巴塞爾藝術展，自 2013 年起於香港設展，今年已經係第五屆。公眾開放日會於下星期四起，一連三日於灣仔會展舉行。今年嘅展會將有 242 間來自 34 個國家及地區的頂級藝廊參展，其中 29 間更是首次參加。我知道 Art Basel 每年都積極協助藝廊培育新晉藝術家，亦特別注重

地方特色，好似香港展會咁，分為「亞洲視野」、「藝術探新」、「藝聚空間」等不同專區。當中，半數參與嘅畫廊都喺亞洲及亞太區有展覽空間，目的係希望可以為區內藝術家提供更多展示平台，同時亦吸引世界各地的知名藝廊匯聚亞洲，互相交流。

Art Basel 奠定咗香港喺區內藝術市場的中心地位，每年藝術展都為香港帶來不少訪客，包括各地藝廊參展商以及收藏家等。有見每年 3 月香港都有好多藝術文化盛事舉行，所以旅發局特別將 3 月打造為「香港藝術月」，推廣多項文化藝術盛事。除了 Art Basel，還包括「第 45 屆香港藝術節」、「SOHO 畫廊遊」等。

除此之外，適逢今年係香港特區成立二十周年，旅發局特別揀選咗 20 張能表達「香港鮮為人知的藝術秘點」嘅照片，譬如，由傳統工業區「變身」成為文青「新蒲點」，現有多個藝術團體和藝廊進駐嘅黃竹坑；中上環、深水埗一帶的街頭塗鴉等。旅發局會透過國際傳媒，發放呢啲相片，等世界各地人士都可以從不同角度感受香港獨特的藝術氛圍同社區面貌。另外，旅發局亦配合「香港藝術月」，同業界合作推出一些介紹中區豐富藝術特色嘅導賞團，希望鼓勵更多旅客感受香港嘅藝術特色。

旅發局向旅客推介香港別具藝術氣息嘅一面，希望豐富旅客嘅體驗，讓旅客喺參觀頂尖藝術展之餘，亦能感受到香港充滿本地特色的藝術文化。

2017 年 3 月 17 日

「Dance with Dragon」進駐中環

平時休閒做運動，golf 可以話係我嘅至愛。打開 golf 嘅
朋友，可能都會覺得，打波如果襯番件好舒服嘅靚波衫，心
情都會靚啲。我好鍾意日本潮流運動品牌 Dance with Dragon
嘅波衫，最近成功將佢引入香港，希望可以介紹俾更多香港
朋友。日前，位於中環鬧市嘅第一間旗艦店已正式開張。

新舖開張，唔少好朋友都有嚟捧場。包括任賢齊（小
齊）、陳凱韻（甘比）、水原希子、C AllStar 組合成員，仲
有模特兒李詩穎、劉沛蘅、林鈺洧、陳詩雅、謝琬婷及麥
少瑜等。平時熱愛運動嘅小齊，原來佢大學嗰陣係修讀體
育系，當時其中一科就係 golf，佢着住 Dance with Dragon
嘅風褸登場，相當有型。而近期人氣強勁嘅日本影星水原

希子，我知道佢係個超級香港迷，為推廣香港旅遊出咗唔少力，都希望將日本潮流品牌帶到香港，佢一到場就用廣東話同大家 say hello。

Dance with Dragon 嘅創辦人橋本先生（Yasutsune Hashimoto），都好鍾意打 golf。橋本先生同我講，當時創立呢個品牌，就係希望打破高爾夫服裝千篇一律嘅感覺，銳意喺設計上將功能性與潮流元素相結合。我記得喺日本旅行，第一次見到呢個品牌嗰陣就已經「一見鍾情」。佢嘅服裝，採用特殊布料，質地輕薄，好啱運動嗰陣着，而且實用得嚟，形象好 young、好活潑，真係啱晒我嘅要求！通過今次合作，更加睇到佢哋做事一絲不苟嘅精神，從裝修設計、牆面燈飾佈置，到貨品擺設等，每一樣都相當講究，好用心去準備。

Dance with Dragon 於 2003 年創立，除了年輕活潑嘅休閒運動服飾之外，亦推出不同配件，譬如皮帶、潮帽、高球袋、手袋等，全部 Made in Japan，運動休閒之餘，亦能突顯出時尚品味。Dance With Dragon 仲會定期推出新嘅主題，譬如今年春裝就以「笑臉」（full of smile）為主打，深受不少年輕朋友喜愛，再配合粉紅、黃、藍等色調，絕對係一個字，sharp！

2017 年 3 月 24 日

「開心幸運里」

每個城市，都擁有自己嘅文化特色。香港，就係一個融合古今、薈萃中西嘅國際大都會。我哋嘅傳統文化，更別具特色。縱使時間流逝，仍然歷久常新。不只是古老，而且十分時興。

由香港中華廠商聯合會、新家園協會及香港文化產業聯合總會聯手舉辦嘅「開心幸運里」嘉年華，將於 7 月 1 日起一連兩日喺中環海濱舉行。通過音樂會、懷舊街、美食攤檔、攤位遊戲，以及展覽等多元化活動，展示香港傳統文化。今次活動，仲特別預留門飛，派發給弱勢社羣，邀請來自不同羣體嘅朋友一齊參加，希望藉此凝聚社會、團結共融，營造一個滿載香港人集體回憶嘅嘉年華。

於中環海濱舉行的「開心幸運里」嘉年華，通過音樂會、懷舊街、美食攤檔、攤位遊戲、展覽等多元化活動，展示香港傳統文化。

　　我哋將會場佈置成 60 至 80 年代嘅香港舊街，將好多已經消失嘅舊街景、建築物、工廠大廈、交通工具等，一一呈現於大家眼前。現場仲會有各種各樣嘅攤檔，售賣傳統經典街頭小食同埋創新潮吃，仲有久違嘅叮叮糖、糖蔥餅、缽仔糕、白糖糕等，各式各樣懷舊地道小食都可以喺呢度搵到，大家不妨通過味蕾去感受香港美食文化精髓。

　　另外，除咗有得玩有得食，仲有視聽感受。7 月 1 日晚上，黎明、張智霖、陳小春三位巨星將會嚟到中環海

濱，大唱經典廣東歌。7月2日，就有多位實力派歌手同大家一齊細味流行經典。其實，香港本地創作嘅 Cantopop 造就了獨有嘅音樂風格，至今在亞洲以至在全世界嘅華人社會仍大受歡迎，成為了歷久不衰嘅廣東歌文化經典。

成個嘉年華，真係可以由朝玩到晚。今次「開心幸運里」，位處中環海濱。大家知道，在香港慶回歸嘅晚上，大家仲可以喺呢個最佳位置，欣賞到維港上空璀璨嘅慶回歸煙花匯演。

在璀璨煙火夜空下，傳統舊街，配上維港兩岸摩天大廈嘅繁榮，香港經典傳統文化加上現代都市魅力，造就了香港嘅繁榮穩定。我一向都話，香港今天嘅成就，經歷過不同年代香港人嘅努力，實在得來不易，值得好好珍惜。

2017 年 6 月 9 日

「開心幸運里」慶七一

聽日，就係香港回歸祖國二十周年。回顧過去 20 年，香港成功落實「一國兩制」方針，喺前進嘅路上克服種種困難，取得令人矚目嘅成績。

今個星期，「香港回歸祖國二十周年成就展」喺北京國家博物館開幕。展覽以「同心創前路　掌握新機遇」為主題，從一幅幅珍貴圖片、圖表模型、同埋多媒體互動內容等可以睇到，香港有今時今日嘅發展成就，係建基於過去幾代人嘅努力拼搏，實在得來不易，要好好珍惜。

回歸二十周年嘅大日子，一定要大眾同樂。嚟緊周末，「開心幸運里」嘉年華，將喺中環海濱舉行。我哋特別將會場佈置成 60 至 80 年代嘅「香港舊街」，加上各式

懷舊小食，仲有黎明、張智霖、陳小春組成嘅「幸運輪唱團」，以及呂珊、葉振棠、尹光、劉雅麗、麥潔文、莫旭秋獻唱嘅「懷舊金曲輪住唱」，連串精彩活動盡顯香港傳統文化特色。聽晚，大家更可以喺最佳位置欣賞到慶回歸煙花匯演。

「開心幸運里」活動，係希望可以藉此凝聚社會、團結共融，營造一個滿載香港人集體回憶嘅嘉年華。傳統舊街配上維港兩岸摩天大廈嘅繁榮，香港經典傳統文化加上現代都市魅力，更加突顯出香港今日嘅繁榮穩定。

我一直都講，香港嘅未來，需要我哋大家一同努力打拼，更要薪火相傳。相信新一屆政府會團結各界一齊同行，繼續把握機遇，搭上中國內地發展嘅快車，聚焦經濟發展，帶領香港再創高峰。

2017 年 6 月 30 日

傳承盂蘭文化

　　盂蘭節又稱中元節，係中國傳統祭祖的節日之一。踏入農曆七月，潮屬社團總會將於下星期五起一連三日喺維園舉辦「盂蘭文化節」。

　　對於盂蘭文化，早在百多年前，我們祖輩從家鄉移居來港，同時亦帶來了盂蘭勝會的傳統。每年，香港多區都會舉辦盂蘭勝會，譬如九龍城潮僑盂蘭會，至今已50年歷史，今年規模更大，活動包括祭祀祈福、巡遊、派平安米、福物競投、神功戲表演等，潮汕地區稱為「施孤節」。香港潮人盂蘭勝會，更在2011年被評為國家級非物質文化遺產。

　　盂蘭文化節，以一系列新穎活動倡導孝親和慈愛精

神。今年，特別增設兩項全新活動，一個係「祈福香港」，希望藉着回歸二十周年契機，為全港市民祈福，市民亦可以寫好願望卡，走入「天地許願區」許願。呢個許願區都好講究，設計係來自盂蘭勝會的天地父母概念，以天圓地方，象徵天地宇宙的組成。另一項係盂蘭水墨畫展示，市民可以在畫師指導下，以水墨繪畫盂蘭勝會各種吉祥景象。

至於重頭戲，一定係「搶孤」競賽。「搶孤」就係用青竹枝編織成嘅孤承去搶接米袋，係盂蘭勝會嘅傳統習俗，取勝要訣在於團隊合作，今年冠軍隊仲會同立法會議員隊「一決高下」。除此之外，現場亦都會有以素食為主題嘅美食攤位。

潮屬社團總會，連續第三年舉辦「盂蘭文化節」，希望保育和傳承傳統文化，今年更計劃推出通識專題研習教材《香港盂蘭文化與當代社會》，培養學生作為盂蘭文化導賞員，希望吸引更多年青朋友參與，一齊傳承呢項國家級非物質文化遺產。

2017 年 8 月 25 日

皇馬落戶橫琴

香港有兩個新興產業發展具有明顯優勢,一個係文化創意產業,另一個係創新科技產業,都增長得非常好。近年創新科技發展一日千里,粵港澳大灣區合作,更加可以實現優勢互補,提升創科成果轉化能力。

嚟緊我會喺珠海橫琴「創新方」再增添多一個創新科技項目。今個星期,我飛咗轉西班牙,同皇家馬德里足球會主席佩雷斯共進晚餐,落實同佢哋合作,興建運營一所室內互動足球體驗中心。

呢個足球體驗中心,最大特點就係融合體育、娛樂以及高科技元素,以虛擬環境(Virtual Reality, VR)和擴增實境(Augmented Reality, AR)技術,帶來不同嘅模擬足球訓

2017 年，皇馬落實落戶橫琴。

練體驗。就如同自己置身喺真實足球世界一樣，一嚐成為職業足球運動員的滋味。大家可以喺室內，模擬足球射門體驗，仲可以利用虛擬技術「走進」球員隧道，感覺就好似親臨皇馬主場一樣。除此之外，體驗中心內亦設有皇馬足球會歷史博物館、各種技巧挑戰遊戲，以及體育娛樂設施，為不同年齡嘅朋友，創造一個趣味性同參與度兼備嘅互動足球體驗。

舉個簡單嘅例子，去年風靡全球嘅遊戲「Pokémon Go」，就係將擴增實境（AR）等技術與網絡遊戲結合，成功活用創意，讓玩家在「現實世界」捉小精靈，為遊戲帶

來前所未有的新鮮感。其實 VR 同 AR 技術都已經發展多年，關鍵在於我哋如何善用科技，融入創意，為業界發展開拓新路。

有時，創意唔一定要好複雜。今次我哋將創新科技融入文化娛樂內容，並着重個人參與，希望將來落成後，可以帶俾大家一個全新創意體驗。

2017 年 9 月 15 日

VR科技推廣盂蘭文化

香港有好多傳統特色文化，都值得我哋保育和傳承。上星期五起一連三日，潮屬社團總會就喺維園舉行「香港盂蘭文化節」，推廣倡導孝親和慈愛精神嘅盂蘭文化。

盂蘭節，係中國傳統祭祖的節日之一。早在百多年前，我們祖輩從家鄉移居來港，就帶來了盂蘭勝會的傳統。香港潮人盂蘭勝會，更獲評為國家級非物質文化遺產。喺家VR應用愈來愈多元化，今年活動亦特別引進VR技術。上星期五我出席開幕式，都戴上VR眼鏡喺虛擬環境中體驗盂蘭文化，感覺真係幾逼真。此外，會場仲設有盂蘭主題3D拍攝區，心願蓮池亦引入吉祥機械鯉魚，將傳統文化同現代科技結合，讓觀眾可以進一步認識

同體驗盂蘭文化。

此外，潮劇表演及工作坊亦係今年亮點。「潮州戲」係潮人盂蘭勝會神功戲嘅主打劇種，擁有深厚文化底蘊，工作坊吸引咗不少觀眾一齊畫面譜、穿戲服、玩兵器；而美食攤位今年就以「潮州粥」為主題，我同一眾主禮嘉賓都一齊品嚐，味道一流，有家鄉風味。至於重頭戲一定係「搶孤」競賽，呢個係盂蘭勝會嘅傳統習俗，取勝要訣在於團隊合作，每年角逐都相當激烈。今年搶孤競賽總共有 54 支隊伍參賽，數量為歷年之冠，當中有 16 支係境外團體隊伍，可見盂蘭文化品牌正在走向世界。今年仲有立法會議員和區議員組隊參與，一齊玩返場友誼賽。

今年係潮屬社團總會連續第四年舉辦「香港盂蘭文化節」，成功獲得海內外華人社會廣泛關注。而將傳統文化與現代科技結合，就係希望吸引更多年青朋友參與，一齊傳承推廣傳統盂蘭文化。

2018 年 8 月 31 日

資料鏈接

1. 巴塞爾藝術展（Art Basel）

巴塞爾藝術展被視為最具代表性的國際藝術博覽會，由 1970 年代起籌辦，展覽已有近 50 年歷史，旨在聯繫世界各地的收藏家、藝廊及藝術家，並銳意協助藝廊培育藝術工作者的發展，為藝術家、畫廊、收藏家和博物館領導人提供會面和交流的平台。展覽自 2013 年起登陸香港，現時每年於巴塞爾、香港及邁阿密三地舉行。巴塞爾藝術展香港展會是香港以至亞洲區內的年度藝壇盛事，有利鞏固香港的「亞洲藝術交易之都」的地位。在 2019 年舉辦的展會共錄得 88,000 人次參觀，創出新紀錄。

2. 香港盂蘭文化節

盂蘭節是中國傳統祭祖節日之一，盂蘭文化是潮州文化的重要組成部分。「香港盂蘭文化節」由香港潮屬社團總會主辦，自 2015 年起舉辦以來，不僅成為本地潮人盛事，更是香港人守護傳統、旅客體驗中國文化的盛事活動。文化節把傳統文化與關愛社會結合，積極推廣盂蘭文

化，為香港散播正能量，歷年除設有文化展覽導賞和美食攤位等活動外，每年也引入新元素舉辦不同的專題項目，包括搶孤競賽、親子盆供堆疊賽、慶祝香港回歸二十周年舉行的「祈福香港」活動、以 VR 眼鏡置身虛擬實境體驗盂蘭情景等，多方面展現香港盂蘭文化所蘊含的精神內涵。

第三章

美食天堂

美酒佳餚遊人醉

近年,廣東省、澳門、台灣、新加坡等地密密增建旅遊基建,而香港仍要面對土地問題,短期內難以趕上。旅發局動動腦筋,從旅遊軟件着手,推陳出新辦盛事。每年暑期後,先有於會展舉行的高級鐘錶展,隨後有旅發局主辦的大坑舞火龍和首屆單車比賽。要大搞盛事,必定講到「美酒佳餚巡禮」。

「美酒佳餚巡禮」,暫時全亞洲只此一家。今年場地回歸中環新海濱,天公造美,人流絡繹不絕。今年規模比往年大,場內佈置成城中花園,泥地亦鋪上草皮而大受好評。尤其是女士,說她們的高跟鞋不會陷入泥中!威士忌與手工啤酒大熱,不同木桶能釀出不同口味,各具個性。

「美酒佳餚巡禮」讓大家一起品嚐佳餚美酒，樂也融融。

當然，酒不可空肚飲，佳餚方面，仍是豐儉由人，中西夾雜。進場的市民和遊客，漫步在維港夜空下，邊聽現場音樂邊品嚐各式美酒；在微醉中，一次過滿足晒所有願望，個個都變成開心快樂人。

每年美酒佳餚巡禮，都會有個 Gala Dinner，招待世界各地的旅遊合作伙伴及本地友好。今年，我特意邀請香港青少年管弦樂團一班後生仔女，喺宴會期間，突從四方八面拿着樂器走出來，現場演奏《獅子山下》、《東方之珠》、《男兒當自強》等名曲，為賓客帶來味覺、嗅覺、視覺、聽覺的「四重體驗」。

真係要感謝多年來支持我們的酒杯贊助商。其實，酒杯的形狀，完全會影響酒的入口感覺，譬如：品嚐法國 Bordeaux 紅酒，如果用 V 形酒杯，酒會直接流入舌頭中間嚐苦位置，因此會感到苦澀；若改用有弧度的杯，入口時會繞過苦澀味蕾，就嚐到酒正甘甜。

2015 年 12 月 18 日

在紐約品嚐最好的牛排

3月上旬，我雖然忙於在北京出席「兩會」的會議，但期間要請假五天，由北京直飛美加，參加香港旅發局、台灣觀光局聯手向北美市場的系列推介會。今次任務，不單是向美加旅遊業界介紹港台作為「一程多站」伙伴城市的最新旅遊體驗和產品，同時亦是搭建一個平台，俾不同的航空公司向業界介紹與「一程多站」相關的優惠。當然，我更要向當地各個媒體講解，香港作為旅遊之都，我們香港人依舊禮貌、好客、熱情。

我們一行先到多倫多，再轉往紐約。年輕時，我住過紐約，做了幾年紐約人，對這個城市有點認識。今次，聯同台灣觀光局的同行到紐約，我當然十分樂意做導遊，更

樂意自掏腰包做「工餘」後的美食嚮導。我挑選了最愛的 Steak House，係號稱紐約、甚至全美最好食的牛排屋。「Peter Lugar Steak House」這家百年老店創立於 1887 年，位於布魯克林（Brooklyn），走樸實路線，餐桌是厚實木，餐碟是有厚度的瓷器，有種古老的感覺。

遠道而來，當然要向台灣的朋友介紹 Peter Lugar 的招牌菜，首先上的是 Luger's Sizzling Bacon。有時美國的 Bacon 切得好薄，炸得好乾，口感不好。但 Peter Luger 的完全不同，Bacon 有兩隻食指闊，外皮微微焦脆，炙烤香口。之後，主菜當然係他們最經典馳名的 Single Steak，外皮焦香，每片都是多汁帶勁，配上奶油的香氣，齒頰留香；唔少得係配菜 creamed spinach（奶油菠菜泥），有奶油調和，菠菜獨有的苦澀味亦不是太濃。

雖在美國，我們飯桌上的話題仍然離不開旅遊，討論港台兩地將來在「一程多站」旅遊上的合作。談笑間發現，原來台灣與香港一樣，都要減少廚餘。一位台灣朋友更笑說，這些上等的牛排，拿回去就可以做上等的台灣牛肉麵呢！

2016 年 4 月 8 日

我愛雲吞麵

近排有啲唔開心，俾人誤會咗我唔鍾意食雲吞麵。其實，在香港好多間雲吞麵舖，都可以見到我身影，雲吞麵是我喜愛的小食。仲記得早年在美國求學時，四圍揾雲吞麵舖，有時食一碗唔夠仲要打孖。美國的雲吞，大粒過香港好多，雖然冇香港精緻，但一粒雲吞落肚，滿足咗我饞嘴的本色。喜歡食雲吞麵，由細細個嗰時開始，那時一碗雲吞麵就是一餐晏晝。我出名鍾意食嘢，尤其是香港的地道小食，可惜近年好多地道小食，因為貴租或師傅老咗而越來越失傳，令人唏噓。以食論食，地道特色小食，是香港飲食文化中不可或缺的部分。我也多次提議，要把香港的地道特色小食用來吸引遊客。

上周五，我接受一家本地電視台訪問，本來的題目是講旅遊，但一開波就講到金像獎。我一接波就說：我們大家都喜歡食雲吞麵、牛腩麵，覺得好好食，（這些）也是香港人最喜愛的食物。可惜，該台剪接出來的訪談新聞報導完全冇咗呢段說話，令外界以為我唔鍾意食雲吞麵。我真的不願看見，雲吞麵無辜地成為了爭論話題。其實，我當天說的原意是，唔係因為個人鍾意食雲吞麵，雲吞麵舖就可以成為最佳餐廳，一間最佳餐廳，需要考慮好多條件。

　　說回金像獎，如果大家有看過完整訪談的話，就一定會發現，我一直都好堅持，十分尊重金像獎今次選出來的最佳電影，這是事實。香港一直都是個言論自由的地方，今次賽果，好多人各自表達了不同意見，這個也是不爭的事實。反而，我最希望帶出的信息，新聞報導卻沒有剪接出來。就係 going forward，我希望大家一齊討論和思考，我們用什麼準則去為香港評下屆全年最佳的電影？這事真的要大家心平氣和地討論，我覺得都係留返俾聰明嘅香港人同埋金像獎方面去思考。

　　最後，大家不要以為我想解釋什麼，如果要了解真相，可點擊下面的連結收看完整的訪談。

NOW TV 訪問：

Part 1: Part 2:

2016 年 4 月 22 日

美酒佳餚載譽歸來

每次同朋友講起香港的美酒美事，話題總離不開「香港美酒佳餚巡禮」（Wine & Dine Festival）。Wine & Dine Festival 由旅發局主辦，呢項匯聚環球佳釀、星級美饌，同埋精彩表演嘅年度盛事，已經嚟到第八屆，今年繼續載譽歸來。

呢個一連四日嘅活動，昨晚喺中環海濱拉開序幕。今年嘅規模更加係歷年之最，呈獻 26 個地方嘅佳釀，場地面積和攤位數目，都增加咗兩成。場內劃分為五個主題區，共有超過 410 個攤位，有多個國家和地區的美酒佳餚，仲有造型別緻嘅特色地道小吃。

今年，我哋除咗繼續有餐酒、派對酒、手工啤及威士

「香港美酒佳餚巡禮」是匯聚環球佳釀、星級美饌和精采表演的年度
盛事。

忌等美酒之外，仲新加入雞尾酒。各位入場嘅朋友，可以
喺「美酒佳餚新發現區」入面嘅「香港吧」，試到由創意調
酒師調製多款以「香港」為主題的雞尾酒，款款都充滿本
港特色。例如，有調酒師會將威士忌配搭好立克、冧酒混
合「啡走」、椰子糖加入冧酒等，新鮮感爆燈。

唔少得嘅，當然係「尊尚區」入面嘅「星級美食」攤
位。入場朋友，可以品嚐到由國際主廚創作、以香港為
靈感的新派菜式。此外，多位來自米芝蓮星級食府及「美
食之最大賞」得獎食肆的廚師，將會聯同「亞洲50最佳餐

廳」之首 Gaggan 的主廚，在「品味館」合作主理「名廚美酒佳餚宴」，為大家帶來星級美食體驗。一如以往，有星級美食之外，我哋亦將各式街頭小食帶入會場，「七彩芝士吐司」、「帶子元貝湯狗仔粉」、「和牛雞蛋腸粉」，相信可帶來另一番風味。

在「香港美酒佳餚巡禮」閉幕後，「香港盛宴十一月」將會緊接登場，延續呢股美酒美食熱潮，於整個 11 月為旅客及市民帶來長達一個月的美酒佳餚體驗。本地主要美食區、多間餐廳及酒吧，亦會配合推出一連串精彩餐飲優惠同埋主題活動，全面展現香港「美食之都」嘅魅力。

香港，就是「亞洲盛事之都」。

2016 年 10 月 28 日

美酒佳餚巡禮愈夜愈精彩

香港美酒佳餚巡禮（Wine & Dine Festival），上週一連四日於中環海濱活動空間舉行，剛剛在週日落幕。雖然，第三日受天雨影響，不過，今年入場人次仍比去年多。有超過 14 萬 5,000 人次入場，真係要衷心多謝旅客同本地市民嘅熱烈支持。

今年美酒佳餚巡禮，真係愈夜愈精彩，尤其係星期五晚，不少朋友在傍晚收工後相約入場 Happy Hour。嗰晚，我由中環入口進場時，仲見到售票處出現即場購票人潮。至於場內亦人頭湧湧，有參展商同我講，今年人流暢旺，絕對有助帶動生意。

今年攤位數目，增加兩成至超過 410 個，其中有 280

個攤位推介來自世界各地佳釀，另外 130 個就出售特色美食。初步總結，場內反應不俗，今年新設嘅「香港吧」更大受市民及旅客歡迎。當中，以香港主題的雞尾酒大收旺場。除此之外，今年手工啤酒繼續 encore，更有參展商引入 15 款本地及外國手工啤，受到不少年輕朋友歡迎。有朋友同我講，喺活動攤位淺嚐品酒後，更轉場過咗去蘭桂坊繼續下場暢飲。我相信帶動不少附近酒吧嘅生意。宏觀而言，我本人看好香港及內地餐酒市場，預期未來幾年，入口香港的餐酒總值會繼續上升，而港人對餐酒的質素要求，亦愈來愈高。

往年，都有進場嘅朋友同我講，其實品味館（tasting room）真係可以打造成為一間幾高格調嘅餐廳。所以，今年我哋都喺呢方面多下功夫。Tasting room 嘅帳篷，專程由德國訂製，外觀相當特別，以玻璃結構組成，空間感十足。今年，我地仲加強咗空氣調節，令喺入面用餐嘅朋友更舒適。至於開幕禮當晚嘅嘉賓晚宴，我哋除咗請到多間米芝蓮星級食肆同本地得獎餐廳合作烹飪首本名菜外，仲搵埋「亞洲 50 最佳餐廳」榜首食肆曼谷 Gaggan 嘅印度籍主廚 Chef Gaggan，主理其中一道叫「Charcoal」嘅招牌菜，令到賓客都有難忘嘅美食體驗。

當然，旅發局做各種各樣嘅工作，目標都係吸引多啲旅客，尤其係過夜旅客嚟到香港，令各行各業都做多啲生意。緊接着 Wine & Dine Festival，旅發局嘅「香港郊野全接觸」活動就會喺聽日展開，重點推介香港優美嘅自然風光。之後兩個月，我哋仲會有新一輪「閃躍維港 3D 光雕匯演」、「繽紛冬日節」，同除夕倒數等活動，再加上一連串海外宣傳，希望可以吸引更多旅客來港，探索一下香港豐富多元嘅體驗，同感受一下我哋獨特嘅地道文化。

2016 年 11 月 4 日

飲食生力軍

講到美食，我一向都鍾意嘗試新餐廳新菜式。熟悉我嘅朋友都知，我最喜歡的不一定是大型食肆，有時候，一些小而精的餐館更有質素。

上星期，我就同埋屋企人仲有一班老友，去撐我一位好友張王幼倫（Michelle）同埋佢囝囝張嘉慶（Adrian）新開張嗰間粵菜館，我仲有幫手剪綵兼試菜。主理嘅大廚係陳日生師傅，Adrian話我知，餐廳起名嗰時，佢就係借咗陳師傅個名，「日生」為「星」，因此，舖頭名就以「星」字為首，起名「星月居」。之前我都有聽過陳師傅個大名，今次終於可以試到佢嘅大作。

菜單入面，有兩道菜我覺得最特別，一道係起首嘅

順德鮮拆魚蓉羹，入口後味道層次豐富而不嗆口，仲可以留到空間俾之後嘅菜式，可見處理食材及配料的功力。另一道則是鮮蟹肉炒鮮奶，食材新鮮，調味同鮮奶運用恰當，enhance 咗蟹肉嘅鮮味出嚟，額外嘅醋同調味咩都唔駛加。我一向喜歡同老友們輕談淺酌，因此我個人比較着重餐廳嘅 setting 同裝修設計，嗰度嘅 setting，以廂房為主要格局，可以同一班朋友自成一角，私隱度都唔錯，裝修設計就係以東方味道為主，同個菜譜都幾夾。

可能大家都知，我都有開餐廳嘅。開一間新嘅餐廳，其實真係要落好多心血同埋精神落去，好多嘢都要自己去 handle，尤其是啱啱新開嗰幾個月，好多嘢一定要親力親為去協調去夾，先至會做得好。就算而家，所有餐廳都陸續上晒軌道，我都仲會成日去嘗試搵下新嘅食材、新嘅來源地，同主理嘅大廚交流下心得，讓成間餐廳，愈做愈好。我知道，Adrian 仲會有其他進軍飲食界嘅大計，期望佢繼續加油！

2016 年 12 月 9 日

美食承傳繼往開來

幾時都話，香港係美食天堂，喺同一條街，或者同一個商場，已經可以試盡環球美食。不過，知己知彼，啱啱喺月中，我專登搵咗個 weekend 飛轉新加坡，試下當地特式美食順便取下經。

落地第一晚，我就去咗試 Candlenut 餐廳。佢係全球第一間獲米芝蓮星嘅 Nyonya（娘惹）餐廳。大家可能知道，米芝蓮指南上榜的餐廳，以西餐 fine-dining 為多，要搵地道特色嘅餐廳並唔容易。而 Candlenut 就正係一間食地道 Nyonya 嘅餐廳，中文叫做「娘惹」，佢嘅菜式比較新派，口味較淡，賣相亦比一般娘惹菜較為精緻。之後，我就試咗擁有米芝蓮兩星嘅日本菜 Shoukouwa。呢間餐廳，

開業短短五個月就攞到米芝蓮兩星，佢可能係新加坡最快攞到兩星嘅餐廳添。

傾談間，朋友仲同我講，今年米芝蓮評選嘅新加坡星級餐廳中，有兩間係開喺熟食市場嘅小食攤檔，係首次有街頭美食，躋身米芝蓮行列。而其中一間是以售賣港式燒味、油雞飯麵聞名，仲要排幾個鐘隊先食到。講到新加坡傳統美食，當然唔少得海南雞飯，我都有試過，雖然只係幾蚊坡紙，不過真係名不虛傳，油而不膩，米飯部分，是粒粒分明的長米，齒頰留香。其實喺新加坡，好多大眾化的地道菜式，甚至乎街頭小食，都好有當地風味。佢哋喺承傳方面，都落咗唔少功夫，將做菜技術一代一代傳下去。不過喺香港，好多出色而受歡迎的港式小食，佢哋嘅身影都好似逐漸消逝，買少見少。我知道好多人仍然會老遠跑去大帽山川龍村嘅端記茶樓，特登去食佢哋嘅港式腸粉。

香港素有「亞洲美食之都」美譽，港式地道美食一直深受世界各地朋友喜愛。好多時旅客嚟香港，除咗係想在旅遊區試下新穎食品之外，佢哋最想體驗嘅，反而係香港最地道的大眾化小食，好似臭豆腐、雞蛋仔，唔少訪港旅客都要跑去試一下。我真係好希望有一日，有更多嘅港式

地道美食，可以入選米芝蓮。更重要嘅係，我哋要思考如何在承傳方面多下功夫，讓港式美食繼往開來。

2016 年 12 月 30 日

「老巴剎廚房」

香港，絕對係美食天堂，不單港式地道美食琳瑯滿目，世界各地嘅菜式亦都應有盡有。熟悉我嘅朋友都知道，我向來鍾意到處搵美食，比較大型食肆，有時身處鬧市之中嘅小餐館反而更加精緻、更具特色。不過，近年一些出色而受歡迎的餐廳，可能因為成本壓力等原因，逐漸消隱、買少見少，十分可惜。

灣仔曾經有一間以星馬菜聞名嘅餐館，我都係多年熟客。佢嘅海南雞飯，絕對係食過返尋味，可惜餐廳喺一年多前結業。呢間舖嘅店主兼大廚鍾樹棠（Billy）以前是設計師，後來自己出嚟開餐廳，煮得一手好菜，對星馬菜更是特別有研究。佢曾經出任過行政總廚，亦做過家廚，來

2017 年 1 月 9 日，「老巴剎廚房」重新開業，並舉行開幕儀式。

頭絕對唔簡單。最近我成功邀請 Billy 再次出山，合夥喺灣仔重開餐廳「老巴剎廚房」（Old Bazaar Kitchen）。

「巴剎」，喺馬來文，係市場、市集嘅意思。新加坡「巴剎」，有售賣新鮮肉菜嘅「濕巴剎」，也有類似美食中心嘅「乾巴剎」，每日都人頭湧湧。「老巴剎廚房」，都係走大眾化平實路線，座位以散枱為主，希望可以容納更多顧客。除此之外，今次新店設計裝潢加入新風格，牆上貼上充滿香港特色嘅黑白舊照；餐廳設有一間廂房，如果同一班老友喺度輕談淺酌，可以自成一角，私隱度都唔錯。

菜式方面，以東南亞 fusion 菜為主。我哋亦去搵唔同食材，嘗試更多新嘅菜式。我同 Billy 都對食物質素十分有要求，新鮮食材都唔會留過夜。新舖開張之後我去食過幾次，招牌菜有原隻去骨海南雞配一鍋香草砂鍋飯，香氣四溢，足夠一家大細嘅分量。除此之外，仲有手拆鮮蟹肉凍菠菜、香蔥羊腩排、花雕酒浸鵝肝再配以餅乾佐食等，款款菜式都十分值得推薦。

如果係平時中午食晏，整碗咖喱崩沙腩麵已經十分滿足。可以喺一間餐廳食到東南亞菜同潮粵美食，真係有種身處新加坡「巴剎」嘅感覺哩。

2017 年 1 月 13 日

人生驛站

以往的生日，我好多時都外遊小休。讓自己叉電之餘，仲可以見識世界各地大小旅遊景點和美食；亦希望在繁忙的公司和公職生活當中，劃出一個小空間，諗下大計。今年生日「登陸」了，希望與以往有一點點不同，邀請了一眾好友和家人，開咗兩個小 party。

第一晚 party，主要係同一眾政商好友聚一聚，新知舊雨，大家也暫時放下嚴肅話題，細味美食，天南地北。好友，就係就算公務極忙，也會記掛的。有好友就算突然出 trip，都在外地送上祝福；亦有好友本來公務繁忙只可參加酒會，最後亦喺後半段與太太再嚟 join 返 party，令我十分感動。同場有黎明、任賢齊、蘇永康友情客串，

我都忍唔住上台同佢哋唱番幾句，在場好友不少都意猶未盡，繼續 jam 歌。第二晚，就係同演藝界好友同埋屋企人開 party，dress code 仲要係我至愛嘅 golf，千嬅等更加即席獻唱。今次兩晚 party 都喺「好酒好蔡」開，我仲特意邀請咗旗下多間餐廳嘅星級廚師，為大家整一啲精緻菜式。當然，我都用心挑選咗一啲心水餐酒配搭，公諸同好，觥籌交錯，熱鬧非常。不過，party 最重要都係大家朋友盡興。

　　人生，有無數驛站；60 歲，也是人生其中一個驛站。古代的驛站是歇息的中站，也是新出發的起點。我希望的，就是為所愛的地方做一點事，讓這裏成為一個更可愛的地方。最後，借此專欄小小一角，感謝這 60 年來與我同行的家人和好友，願大家天天快樂！

2017 年 8 月 18 日

三萬潮籍長者共享盆菜

尊老敬賢，是潮州人的傳統美德。秉承先賢美德，香港潮屬社團總會每年都舉辦敬老活動，支持特區政府「安老扶弱、改善民生」政策，關注潮籍長者生活，更為眾多市民問寒送暖，表達廣大潮籍鄉親關懷社會的愛心。

上星期六，潮屬社團總會透過各區潮人聯會，一齊舉辦「萬人盆菜寒冬送暖」活動。潮屬朋友喺香港真係唔少，今次喺港九新界近 30 個不同地方共設宴 3,080 席，邀請 3 萬多位潮籍鄉親共享盆菜，規模非常盛大。潮州鄉親紮根香港多年，有不少長者都超過 90 歲，甚至 100 歲高齡，我哋特別為佢哋送上「利是」，以表祝福。活動總主場，設喺堅尼地城西寧街足球場。當日天氣都幾凍吓，非常感

香港潮屬社團總會在港九新界舉辦「萬人盆菜寒冬送暖」活動，共辦盆菜宴 3,080 席，邀請 3 萬多位潮籍鄉親共享盆菜。

謝一眾主禮嘉賓以及政商界朋友捧場，一齊為潮籍鄉親送上冬日溫暖。

敬老，至少有兩層含意。一係尊重，尊重老人家嘅文化知識、社會經驗同愛好習慣；二係關愛，對老人家付出愛心同關心，使老人家覺得「老有所依，老有所養，老有所樂」。今次，我哋喺 2018 年新年之際舉辦盆菜宴，當日我同陳幼南主席一齊跑勻港九新界，去到幾個主要會場探望老友記，希望為廣大潮籍鄉親，尤其係潮籍長者送上冬日溫暖和節日問候，延續先賢的優良傳統，把尊老敬賢的

傳統精神代代相傳。

2018 年是一個重要年頭，多項重要交通基建相繼落成。隨着港珠澳大橋即將通車，香港同大灣區嘅聯繫，將愈來愈緊密。廣深港高鐵全線貫通，將香港 26 公里嘅高鐵同內地 25,000 公里嘅高鐵網連接起來。呢啲利民便民措施，為香港經濟民生發展帶來出路，亦有助香港融入國家發展大局。香港嘅未來，需要大家一齊努力，為造福香港，造福市民，造福鄉親貢獻智慧同力量，把溫暖帶俾更多有需要嘅人。

2018 年 1 月 19 日

China Tang 進駐 Las Vegas

香港不單港式地道美食琳瑯滿目，世界各地嘅菜式亦都應有盡有。熟悉我嘅朋友都知道，我對美食都有少少心得，亦對經營餐廳十分之有興趣，相比起大型食肆，有時候鬧市中嘅精緻餐館可能更具特色。

一向以高級中菜馳名嘅唐人館餐廳 China Tang，位於拉斯維加斯美高梅大酒店 MGM Grand 嘅新店，近日正式開張。China Tang 第一間店設喺倫敦多切斯特酒店 Dorchester Hotel，之後我哋將餐廳帶返香港，喺中環置地廣場同尖沙咀海港城都有分店。今次 China Tang 首次進軍美國，希望可以做到美食承傳，將中國美食帶到世界不同地方，為海外顧客帶來中菜美食體驗。

菜式方面，以傳統粵菜同地道港式點心為主，除此之外亦有四川菜、北京菜等。我哋亦去搵唔同食材，嘗試更多新嘅菜式。趁住農曆新年假期，我都有親身去 Las Vegas 試過，出品都非常精緻，水準絕對同我哋喺香港嘅餐廳不遑多讓。

講開又講，繼 2 月初美國康州一連三日 concert 之後，張學友《A Classic Tour 學友‧經典世界巡迴演唱會》，2 月 17 號大年初二喺拉斯維加斯再度開 show。我知道學友當日身體抱恙，但依然 keep 到一貫的高水準，贏得全場掌聲。

學友向來對 concert 要求非常高，今次喺美國嘅開 show 都唔例外。今次 concert，佢特別請來曾經參與太陽馬戲團演出嘅特技人員，就連舞台都係由亞洲運送過去，超過 50 個貨櫃的設備，空運、海運足足用咗一個多月時間。仲有，台前幕後工作人員大約 200 多人，亦都係由亞洲各地飛去美國，如此規模絕對係出盡十足的力量。

其實，無論香港地道美食，還是本港流行音樂，都一直深受世界各地朋友喜愛。我哋要思考如何在承傳方面多下功夫，讓香港特式文化繼往開來，走向更廣闊嘅市場。

2018 年 3 月 2 日

資料鏈接

1. 香港美酒佳餚巡禮

香港美酒佳餚巡禮是由旅發局主辦的大型飲食展覽，設有逾 500 個品酒、美食攤位，融合酒品、美食、綠化、玩味及音樂等元素，是香港的重點旅遊推廣項目之一。活動自 2009 年起已連續十年舉辦，曾於西九龍海濱、中環海濱及啟德郵輪碼頭進行，廣受大眾及遊客歡迎，口碑載譽。2018 年舉辦的香港美酒佳餚巡禮，整體入場人數高達 16 萬 8,000 人次，其中入場的旅客數量接近 2 萬人次，反映活動已成為香港的國際品牌活動。2018 年度活動更獲新加坡 City Nomad 選為全球「最佳旅遊體驗」之一。

影視娛樂

第四章

區區有戲院

記得我小時候，香港有「東方荷李活」的美譽。麗聲、碧麗宮、樂宮、東城等戲院，在鬧市旺區成行成市。我從小已常去睇戲，電影帶俾我好多歡樂和話題。近幾年，很多區已無戲院，有啲戲院變成商場，而大埔、北區、深水埗的居民，都要跨區睇戲，以四人家庭跨區睇戲計算，分分鐘交通費足夠買多張飛。渴望「區區有戲院，好似以前咁」是許多市民的心聲。

好多人話，「戲如人生」。我就會話，睇戲又何嘗唔係在我們生命中扮演着不同角色。小時候，我們會與父母去睇本地賀歲片，中學就同三五老友睇荷李活動作大片；第一次拍拖睇愛情小品，當上父母後要陪仔女睇卡通片，

區區有戲院，對業界和市民來說一定是好事。

老人家就喜愛歡樂早場。可見，我們由細到大都與戲院密不可分。

要有好電影，就要談如何培養電影人和觀眾羣，而「區區有戲院」這個概念，正好與此契合。「區區有戲院」，不單讓大家可以原區睇戲，而且，大家試想，如果住處附近有戲院，它必定會成為你日常娛樂的一個選擇。接觸電影多了，自然增加對電影的興趣，絕對有助培養更大的觀眾羣，甚至增加年青人投身電影行業的機會。

從數據看，香港電影業近年勢頭良好，去年票房達19億元，入場人次達2,000多萬，比前年上升一成。不

過，本港戲院由 2005 年的 52 間減少到 2016 年 1 月的 46 間。大家知道，創作人最怕作品無地方展示，如果做到「區區有戲院」，增加了放映場地，絕對有助吸引更多投資者願意投資本地電影，對業界和市民來說一定是好事。

有朋友問我，網絡科技愈見先進，會否挑戰到戲院的發展。其實，睇戲是一種 social activity。如果睇過愛情片，你一定會聽過身邊觀眾紛紛拿出紙巾的膠袋聲；如果睇過賀歲片，一定還會記得身邊朋友的大笑聲。完場出來，仲要七嘴八舌地討論劇情意義笑位爛 gag，這些都不是在屋企獨自去睇戲可以媲美。就連鄭秀文都話：「戲院黑麻麻，偷偷摸摸拍拖嘅感覺好正⋯⋯。」

2016 年 1 月 29 日

向經典港產賀歲片致敬

　　農曆新年又到，一定要講下賀歲片。上年《賭城風雲
II》，華仔壓軸以「陳刀仔」dress code 驚喜出場，觀眾即刻
哇哇聲，啲回憶返晒嚟。無可否認，每一個香港人心目中，
都有一個「賭神」同埋「陳刀仔」，佢哋亦係香港電影輝煌時
代的 icon。好多香港人，細個時都會食朱古力扮「賭神」。
發哥梳嘅 all-back 髮型，大家仍然係叫佢做「賭神頭」。《賭
城風雲 III》今個星期上畫，除了發哥華仔，仲有張家輝的精
湛笑料和大反派張學友，一齊繼續延續我們心中的「賭神」。

　　《賭神》在 1989 年上映。那些年，港產片無論在產
量、票房、質素，還是藝術性，都創出香港電影的光輝歲
月，造就香港的電影工業。當時，近至東亞、遠至美加，

有華人的地方，就有香港電影。時代在變，電影行業也在變。現在，內地市場愈見龐大，電影票房不斷刷新紀錄，回顧去年 2 月賀歲檔期，內地單月票房達到 40.5 億，首次高於美國同期票房。

今年內地三大賀歲片，都是香港與內地的合拍片。王晶執導的《賭城風雲 III》、周星馳的《美人魚》、郭富城和鞏俐領銜主演的《西遊記之孫悟空三打白骨精》。這三部戲無論在演員、導演、出品人、電影歌曲等，絕對充滿香港元素。合拍片，不單讓香港的電影業擴大了市場，這更可以讓內地及香港電影一齊走出去，讓我們香港的電影活躍在世界銀幕上。

香港電影業雖然挑戰重重，不過由於合拍片愈來愈有市場，不但吸引更多投資，亦可以吸引年青人投身電影行業，更有利於創作更多優秀作品。當然，特區政府從政策上協助增加香港戲院的數目，做到區區有戲院，就可培養更大觀眾羣，再創香港電影的輝煌時代。

每當賭神系列的配樂響起，不只是將大家再次拉進經典當中，更是向經典港產電影致敬，期望我們香港電影繼續輝煌。

祝大家笑住過新年。

2016 年 2 月 5 日

「核心」散發出黎明的歌聲

呢個星期，城中最 hit 話題之一，肯定係黎明 4D in Live 演唱會。為慶祝入行 30 年，黎明再次在香港舉行個唱。這是他首個不在紅館的大型演唱會，選址在中環海濱活動空間，全新搭建巨型全天候恆溫帳篷，並配合 4D 立體視覺及環迴立體聲現場感觀效果，每場只限 4,500 名觀眾……可惜，做 entertainment 嘅都知，如果個 event 出現在港聞而非娛樂新聞，由 C1 版面去咗 A1，九成都係危機。

為了保障歌迷安全，我們臨時取消了第一場演唱會。面對危機，黎明第一時間親自站出來，坦誠交待情況。之後的 24 小時，他多次透過 fb 向大家 update 住事情進展，

由「核心」散發出來的黎明歌聲，與眾同樂。

亦有釐清一些誤解。在那 24 小時當中，Leon 及他的團隊盡力將問題一一解決。一位 artist，有如此承擔，如此觸覺，贏得歌迷及公眾的體諒。我同 Leon 合作咁多年，深知他的為人，我一定會繼續沿途支持他。

在香港，戶外 4D 演唱會是新嘗試。本來係一件盛事，但在籌備過程中出現問題，是我們的責任。我都好唔開心，因為無辦法將全新概念的 4D 效果呈現在香港觀眾眼前。然而，這個情況，整個團隊都要吸收經驗，是一次學習，也是寶貴的一課。我十分期望，香港可以有更多新概念的 mega events，舉辦多種多樣的 mega events，正是

我們推廣香港吸引遊客的一個重要策略。

開 show 呢幾晚，當我放工離開辦公室經過添馬公園，都見到唔少朋友聯同三五知己，在「核心」外圍，一邊野餐，一邊享受因為拆咗帳篷而由「核心」散發出來的黎明歌聲。坎坷過後唔只有 show 睇，仲由危機變成體諒，再變成與眾同樂。如 Leon 廣告金句：要贏人先要贏自己。面對今次危機，他就做了一個好靚嘅示範。

在此，我再次多謝大家的體諒及支持！更衷心多謝所有人的幫忙！

2016 年 5 月 6 日

Sammi 紅館再開騷

香港娛樂文化，曾引領整個華語社會。香港的音樂，在亞洲以至世界都廣受歡迎。香港紅館，不單是歌手的英雄地，能夠在紅館開個唱，更是一位歌手的身份象徵，是實力與人氣的指標。

今年，係鄭秀文踏足紅館舉行演唱會 20 周年。Sammi 在 20 年間，已在紅館開 show 達 81 場，是紅館開個唱場數最多的女歌手。今年 9 月，Sammi 將於紅館舉行《Touch Mi 2 世界巡迴演唱會 2016》，8 場演唱會門票，今個禮拜正式公開發售，年前連開 12 場紅館 show 全部爆滿。今次，唔少 fans 都大呻撲飛艱難。Sammi 話，自己身上也孭住不少「飛債」，知道大家每次撲飛辛苦，今次

演唱會都改善發售方式，限制每人只能買 4 張，就係希望可以讓更多人買到飛，入場睇 show。

我從 Sammi 嘅 fb 除咗知道佢近來搏盡操練之外，都知道佢十分關心「黃牛」問題，好似佢喺 fb 話齋，「觀眾都應該享有以正價購票的權利……各位 fans 不要光顧黃牛……無論如何都一定會做到最好、絕不留力」。我知道 Sammi 一向對自己演出的要求極高，因此，安排了在今次演唱會期中 take 一個 break，就係為咗要 keep 住體能，以最佳狀態，為觀眾作最佳演出。對於 Sammi 對 fans 的愛護及對演出的極高要求，我絕對支持同欣賞！

忙住「撲飛」，不只是本港歌迷。年輕人喜歡睇 show，依家交通愈來愈方便，各地年輕人也興起到周邊地區睇 show 順道旅行。只要有巨星開 show，他們絕對願意遠道而來，就係為睇一場演唱會。這股潮流，也帶旺消費和過夜旅客增長。

不過，香港缺乏足夠的大型表演及會展場地，紅館檔期長期爆滿，歌手要搵個 venue 都唔易。根據立法會文件顯示，2012 至 2015 年 3 個年度中，未能成功獲分配康文署演藝場地的申請數目，3 年來共有超過 30,000 宗、高達七成申請未獲分配場地。大家知道，文化人、創作人最

怕無 venue 展示作品，如果可以增加演出場地，譬如在政府正規劃建設的西九文化區和啟德體育園等，相信無論對豐富市民康樂、文化和娛樂生活，還是對業界和香港文化發展來說，都係好事。

2016 年 6 月 24 日

向「區區有戲院」目標邁進

今年年頭，九龍塘又一城的戲院宣佈結業，不少網民及朋友頓覺若有所失。因為，又一城的戲院不只是一個消閒睇戲好去處，由於地處九龍塘，附近有大學有中學，不少年青朋友都同我講，原來佢哋細個放學之後嘅約會地點，都離唔開在又一城的溜冰場同埋同層嘅戲院。

經過多個月磋商，我集團旗下的 MCL 院線與又一城合作，開設新嘅戲院。在今個星期二，全新的「Festival Grand Cinema」於又一城正式開幕，並舉行電影《三人行》首映禮。《三人行》由杜琪峯執導監製，絕對有質素保證。除咗阿杜出席開幕暨首映禮外，另一監製游乃海同主演的古天樂亦有到場，一眾寰亞 artists 同事在場到賀。

Festival Grand Cinema 有過千座位，而且換晒高背皮椅，比以往的布面座椅舒服。貴賓影廳，更是大中華區首間採用英國頂尖品牌 B & W 音響嘅影院，我希望觀眾可以獲得聲、光、畫，都是最優質嘅享受。

熟悉我的朋友都知，我除咗娛樂事業外，也醉心發展飲食行業。新戲院除咗供應傳統爆谷小食外，我們更專登找來日籍甜品師松原明日香，設計多款獨家甜品，其中，我覺得芝士撻有驚喜，泡芙配吉士醬、朱古力果仁脆片、曲奇等等亦有相當高水準。

其實，好多人都話，過去幾年香港戲院數量一直下跌。然而，由去年至今，我哋旗下的 MCL 院線卻大力開拓市場。繼去年 9 月接手皇室戲院成為 Grand Windsor Cinema、今年第二季在海怡半島開設 MCL 海怡戲院後，又一城 Festival Grand Cinema 已經係這大半年來的第三間。內地近年影視娛樂文創發展迅速，相比之下，香港社區內戲院等文娛場所愈來愈少，很多市民要跨區睇戲。其實，入戲院睇戲，可以講得話係好多朋友嘅基本娛樂之一，而且有多啲戲院，多咗播放渠道，先會吸引到更多人投身創作，本地嘅電影人先會有更多發揮才華嘅機會，百花齊放。我們會繼續向「區區有戲院」這目標努力。我們

亦希望，政府可以為不同的文化創意提供更多場地，才可為香港孕育文創土壤。

2016 年 7 月 8 日

延續臥底傳奇

臥底惡鬥，幾時都係港產片中一個主要題材。電視劇《使徒行者》，年前首播好評如潮，近排深夜重播仍然大受歡迎。而家電影版緊接上映，原班人馬，當中靈魂人物佘詩曼同許紹雄（Benz 雄）當然繼續攜手合作，電影版仲新加入張家輝、古天樂（古仔）同吳鎮宇嚟個演技角力；而電影版的主題曲《行者》，今次就請嚟草蜢演繹。

由電視劇到電影，《使徒行者》仍然係由文偉鴻執導，一氣呵成。唔同嘅係，今次外景一眾演員，同製作團隊要遠赴本屆奧運舉辦地巴西里約熱內盧實景拍攝，動作連場，亦有多場槍戰場面。喺古色古香的歐洲街頭槍戰，很有異國風情。我睇試片嗰時，真係覺得自己睇緊 Jason

Bourne。

　　喺戲入面，有一場動作戲喺當地貧民窟拍攝，團隊要由保安護送去拍攝場地。團隊返嚟之後同我講，有次拍拍吓，大家都聽到遠處傳來「嘭嘭嘭」多下聲音。古仔問：「呢啲係咪堅槍聲？」導演搶答：「唔係啦！放炮仗啫！」「吓？巴西邊有炮仗？你咪玩我啦……」後來團隊知道原來對面山頭有人開緊槍，不過都有一段距離。好在，成個製作團隊都整整齊齊返晒嚟。

　　今次《使徒行者》電影版，係本地劇本，用香港及內地演員，在巴西等地取景，更在港澳、內地、新馬、澳紐，以及美加等多地上映。希望將香港嘅電影，帶俾更多世界各地嘅觀眾。近年本港電影業挑戰重重，不過，「一帶一路」就為本港電影發展帶來曙光，乘勢衝出香港，走向內地及海外市場，不但有助吸引更多投資，亦有助吸引年青人投身電影行業，培訓新血，繼續創作出更多優秀作品。

2016 年 8 月 12 日

Sammi 開 show 絕不留力

聲線對於一位歌者嚟講至為重要，更何況是對自己演出要求極高的 artist。如果一位 artist，聲線病重，但仍然堅持站在舞台，努力為觀眾演出，我們感受到的，已經超越演唱會的視聽享受，更是感受到不斷拼搏、永不言棄的崇高精神。

鄭秀文《Touch Mi 2 世界巡迴演唱會 2016》，上星期於紅館開 show。開 show 前幾日，Sammi 已飽受鼻敏感、咳嗽同喉嚨發炎之苦。到上星期五晚，首場開 show 都未能痊癒。佢在台上頻頻自責，先後幾次落淚向觀眾 say sorry，連講嘢都走晒音。有歌迷同我講，佢哋入場係為支持 Sammi，就好似見返一位老朋友咁，佢哋更關心 Sammi

我對 Sammi 在演唱會的堅持及付出，絕對係 120 分的支持同埋欣賞。

身體。

　　Sammi 踏足紅館 20 周年，今次 concert 其實係「Touch Mi 世界巡迴演唱會」嘅尾站。2014 年底，「Touch Mi」首站正是由紅館出發，兩年來 Sammi 去過好多唔同地方，但佢始終好希望返嚟香港做最後一站。我知道佢今次好用心準備，無論由服飾、髮型、化妝，到舞台、燈光、選曲等，都一次比一次出色，完全為觀眾帶嚟全新感受。早前排練嘅時候佢已搏到盡。我知道 Sammi 仲嘗試針灸開聲，希望儘快恢復狀態。佢堅持做到最好的原則，「每一場，有幾多，俾幾多」。我對 Sammi 的堅持及付出，絕對係 120 分的支持同埋欣賞。Fans 們嘅鼓勵同祝福，全場觀眾一齊大合唱，更加係 Sammi 堅持落去嘅動力。

　　呢個畫面，令我諗起香港精神。多啲包容，多啲欣賞，憑一點一滴的努力，堅持、永不言棄。我知道 Sammi 的狀態回復得七七八八，不過我深信，佢每一場嘅演出，都係出盡十足的力量，絕不留力。

2016 年 9 月 23 日

「是誰⋯⋯」

「高音甜、中音準、低音勁,簡單嚟講,通透。」係 2002 年電影《無間道》第一幕入面,「陳永仁」(梁朝偉飾)喺 hi-fi 舖就係咁樣 sell「劉健明督察」(劉德華飾)。一聽到「是誰⋯⋯」(用普通話唱出),腦海就會響起蔡琴嘅磁性歌聲。呢首,正是華語歌壇天后蔡琴的一首名曲《被遺忘的時光》。今明兩天,蔡琴就會嚟香港,係紅館開兩場演唱會,同大家分享經典金曲!

蔡琴歌聲極具感染力,是華語歌壇嘅天后級歌手。佢以演唱民歌出道,其後推出流行歌曲、歌舞劇紅遍大江南北。佢出道數十年,依然係風華絕代。近年嘅巡迴演唱會、個人唱片,都廣受各地歌迷追捧。之前,蔡琴接受電

台節目訪問時仲半講笑，話之前試過嚟香港入境過關時，關員沒搜查佢行李，不過，就喺幫佢檢查證件時卻哼出：「是誰……」，令佢感到非常有趣。

蔡琴嘅唱片賣個滿堂紅，曾多次獲得金曲獎等獎項，紅透半邊天。然而風光背後，往往是鮮為人知嘅辛酸事。今次演唱會，將展現蔡琴事業嘅四個階段，由初出道嘅主打民歌階段，到八、九十年代嘅全盛時期，再到一段事業低谷，以及最後跨過低潮嘅重新振作，猶如佢 37 年歌唱生涯嘅寫照。蔡琴今次特別展現呢一段高低起伏，佢話經歷一連串打擊嘅人生低谷嗰陣，係香港人俾佢支持，係歌迷俾佢鼓勵同動力，令佢走出逆境，因此充滿感恩。佢更加話，自己對香港好有感情，「香港是我的福地，香港是我的天使。」

香港人傑地靈，多年來確實捧紅了不少歌手藝人，本港娛樂文化一直以來引領着整個華語社會。而喺經濟方面，香港可以由昔日一個小漁港變成今日嘅國際大都會，更是成就斐然，培養了不少金融、科技人才。不過，就如人生一樣，城市發展亦有高低起伏，發展過程中亦會充滿種種波折和困難。如今，面對外圍經濟壓力、社會爭拗不斷，如何走出困局，正考驗我哋港人嘅智慧。不過，最重要嘅，就是珍惜和感恩。

2016 年 11 月 11 日

傳承與創新

喺寰亞嘅電影入面，《志明與春嬌》係其中一個我最鍾意嘅系列。首齣《志明與春嬌》喺 2010 年上映。如果有睇過嘅朋友都會記得，故事背景係 2007 年香港實施全面禁煙，迫使煙民去晒後巷食煙。兩個主角張志明，即係余文樂，同埋余春嬌，即係楊千嬅，因喺後巷圍住垃圾筒煲煙「打邊爐」而相遇相戀。我哋喺 2012 年推出續集《春嬌與志明》，講佢哋拍拖同居咗一段時間，志明北上公幹，春嬌不滿，各有新戀情。

今次原班人馬為第三齣再度埋班，就叫做《春嬌救志明》，主要會喺香港有特式嘅地方取景。套戲開咗機無耐，早前戲組喺中環摩天輪拍外景，我都有去探班。今次《春

《春嬌救志明》兩個主角繼續由余文樂同楊千嬅飾演，仍然令人印象深刻。傳承和創新就係港產電影的發展關鍵。

嬌救志明》，繼續由彭浩翔執導，千嬅、樂仔領銜。之前有老友問我，話聽聞今次製作費加碼，仲請咗里安納度狄卡比奧（Leonardo DiCaprio）客串兼講廣東話咁話。我就笑笑口同佢講，佢聽啱咗一半。事關，今次第三齣其中一個秘密武器，就係 DiCaprio 嘅專業替身會參與演出。最好笑嘅就係，真嘅 DiCaprio 唔識講廣東話，反而佢替身就操流利廣東話，fit 晒套戲。

好多人都講，拍續集仲考功夫過拍第一集。我某程度上認同呢個睇法，因為觀眾睇續集，一定會同之前嘅比

較，會有一個較為類同嘅 reference point；續集要保留最核心嘅元素，亦要喺一啲位有驚喜同突破，要 surprise 觀眾。所以，拍續集嘅關鍵，就係要拿捏好呢種承先啟後嘅「相同」與「不同」。港產電影的發展亦是如此，傳承和創新就係關鍵。

港產電影，曾經萬人空巷、風靡全球有華人嘅地方。人在變，電影也在變。時至今日，香港電影業面對重重挑戰，電影業要做到傳承、創新同發展，不但要吸引年青人投身行業建設，培養幕前幕後年青人才，創造出更多影視作品；也要增建戲院，讓優秀作品有地方展出，培養更大的觀眾羣。講到創新，近年香港與內地合拍電影成為一條新路，面對「一帶一路」的發展機遇，港產電影如何把握機遇，開拓更為廣闊的內地和海外市場，的確值得我們一齊思考。

2016 年 11 月 25 日

MAMA

熟悉「韓流」嘅朋友，都一定會知道 MAMA 有幾閃有幾勁。MAMA，就係 Mnet Asian Music Awards，唔單止係韓國年度音樂盛典，更加係亞洲最大最頂尖音樂頒獎禮。今晚，MAMA 就會喺 Asia World Expo 盛大舉行！自 2013 年起，我哋寰亞 Media Asia 已經係連續第 4 年成為 MAMA 嘅共同製作單位。

今晚 MAMA 絕對係一個字，就係「閃」！出席今晚頒獎禮嘅有韓國人氣組合 EXO、防彈少年團（BTS）、GFriend、Seventeen、TWICE、I.O.I、NCT DREAM 等等。頒獎嘉賓更加係陣容鼎盛，有今年人氣韓劇《雲畫的月光》嘅主角朴寶劍和金裕貞，以及早前本港電視台熱播

韓劇《來自星星的你》嘅演員安宰賢。除此之外，更加有出爐青龍影帝李秉憲，一眾韓星包括車勝元、張赫、河智苑、韓孝珠、韓智敏、朴敏英、朴基雄、李智雅、徐康俊、朴炡俊、朴河宣、申惠善、模特兒姜勝賢等，絕對有睇頭！

每年大會都會邀請一位重量級巨星擔任壓軸頒獎嘉賓，去年由周潤發頒年度歌手獎，今年大會就邀得 Leon 黎明擔任壓軸嘉賓登場頒發大獎。

MAMA 不止會在亞洲、歐洲、北美、大洋洲 4 大洲同時播放，同時也透過互聯網、手機等多元方式播出，希望超越國籍、種族和世代，讓全球音樂 fans 可以互相交流，希望是一場幾十億人一起享受的國際音樂盛典。韓國大會日前在記者會都交代，連續 5 年在香港舉行的原因，係因為大會要為頒獎禮做全球直播，因此需要位置便利、有穩定系統及基礎設施的地方，而香港就係首選。

因此，我們常說，會展旅遊（MICE），係一個香港旅遊的重要板塊，展覽、大型會議同埋大 show 的場地都十分緊張。如果香港要繼續喺呢一個板塊擴展，就一定要探討如何增加會展場地了！

2016 年 12 月 2 日

好戲連連

　　港產電影多年來風靡全球，近至東南亞、遠至美加，有華人嘅地方，就有香港電影。時代在變，電影產業也在變，近年香港電影在拍攝製作上不斷創新，加入更多新元素，包括電影題材、拍攝地點、演員製作人，以至合作方式等方面都有更多新嘅嘗試。

　　上星期日晚，寰亞集團喺北京舉行晚會，公佈新一年多個電影同劇集製作。電影方面，既有本土題材，亦有合拍片，包括《追捕》、《春嬌救志明》、《建軍大業》、《鮫珠傳》、《蕩寇風雲》、3D 版《射鵰英雄傳》等。而喺電視劇方面，早前已經開播嘅網絡劇集《無間道》今年將會繼續推出第二季。除此之外，我哋仲會為贏得金馬獎雙影后殊

榮的電影《七月與安生》拍攝電視劇版，以及由《衝上雲霄》原班人馬打造的航空題材電視劇。總之嚟緊一年，絕對係好戲連連。

當中，不得不提嘅係重頭戲《追捕》。相信不少朋友都記得，由佐藤純彌執導、高倉健主演的《追捕》，電影於 1976 年上映，係文革後內地首批進口影片，當年曾風靡一時，觀影人次超過 8 億，係一代人嘅集體回憶。

今次我哋重拍《追捕》，邀請到執導過多部動作片的吳宇森擔任導演，演員包括張涵予、戚薇、吳飛霞，以及日本男星福山雅治、韓國女星河智苑等。呢齣戲籌備歷時 17 個月，拍攝近半年，拍攝中動用 200 把道具手槍、6,000 發子彈、2,000 件服裝，內地、香港、台灣、日本及韓國多達 4,000 人參與製作，投資額高達 4.7 億，絕對稱得上係大製作。電影排期 2018 年大年初一（2 月 16 日）上映，我有睇過一啲片段，實在非常期待。

近年，合拍片成為電影產業發展的一條新路。繼《建國大業》、《建黨偉業》之後，兩地再有歷史題材嘅合拍片《建軍大業》。今次更由本港導演劉偉強執導，將於今年 8 月上映。其實，合拍片不但豐富了電影題材，為市民帶來更多優秀電影作品，更重要嘅係，拓寬了香港電影產業的

發展空間，讓本地電影人才有更多發展機會，亦吸引不少年輕一代投身業界，壯大本港電影產業。

2017 年 1 月 20 日

EXO 香港再開 show

近年韓國娛樂文化發展勢頭強勁，一股「韓風」席捲亞洲以至全球。人氣男團 EXO 自 2012 年出道，短短幾年間，已獲得多個樂壇大獎，去年七月開始展開第三次巡迴演唱會之旅。

上個周末，佢哋嚟到香港，一連兩晚喺 Asia World Expo 舉行「EXOPLANET #3 - The EXO'rDIUM - in HONG KONG」演唱會。今次係佢哋 2017 年首場 concert，亦係相隔一年半後再次來港開 show。演唱會門票早已售罄，除咗本港歌迷之外，亦都吸引海外 fans 專程嚟睇 show。EXO 抵港當日，適逢氣溫急降，不過一班 fans 熱情不減，冒寒去到機場接機。

韓國人氣男團 EXO 來港演唱，唱足近 40 首歌，更上演濕身舞，絕對落足力。

演唱會上，EXO 9 名成員 Xiumin、Suho、Lay、Baekhyun、Chen、Chanyeol、D.O.、Kai 及 Sehun，身穿紅黑西裝登場，以出道歌《MAMA》揭開序幕，全晚換上多個造型，自彈自唱，唱足近 40 首歌，更上演濕身舞，絕對落足力。一連兩晚三個多鐘頭嘅 concert，好多 fans 似乎仍覺得意猶未盡，不過唔緊要，我知道佢哋今年會再嚟香港，同埋推出新唱片，相信好快又可以再見面！

雖然話音樂無分國界，語言亦唔係溝通嘅障礙。不過 EXO 嚟到香港開 show，都入鄉隨俗，不時用中文同大

家溝通，而團隊中唯一來自內地的成員 Lay（張藝興）更加講廣東話冧歌迷。佢最近喺廣州拍劇，學會了多句廣東話，啱啱好派上用場，為 concert 增添不少「笑位」，好似一句「食菠蘿油」咁，已經冧晒班 fans。

不少年輕朋友都鍾情韓星，而家交通愈來愈方便，各地年輕人亦都興起到周邊地區睇 show 順道旅行。不過本港演出場地向來緊張，今次喺亞洲博覽館開 show，雖然離市區較遠，不過對於專程搭飛機來港嘅海外歌手同 fans 嚟講，位置 fit 晒。如果將來啟德體育園區嘅場館落成啟用，搭郵輪嚟香港睇 show，似乎也是不錯的選擇，更加可以帶旺消費和過夜旅客增長。

2017 年 2 月 17 日

友誼的小船

香港樂壇，就好似一個大家庭，歌手、作曲人、填詞人，大家平時都係好朋友。不過，好似王菀之（Ivana）同張敬軒（Hins）咁，喺舞台上如此有默契，都幾難得。

上個周末，Ivana 同 Hins 首次合作開 concert《The Magical Teeter Totter 張敬軒‧王菀之演唱會 2017》，一連四晚於紅館上演。開 show 當然要有主題曲，今次佢哋特別合唱新作《友誼的小船》，並推出音樂 EP。演唱會上，Ivana 更以黑天鵝造型為觀眾帶來一段辣身舞，令人眼前一亮。我知道佢早前練舞嗰陣受咗傷，依家都仲要戴住腰封，加上近日患感冒，都咪話唔辛苦。不過佢話，上到舞台就忘記痛楚，要傾力演出，將最好嘅一面帶俾觀眾，佢

Ivana 同 Hins 喺舞台上如此有默契，都幾難得。

呢種精神非常值得欣賞。

不少朋友都知道，Ivana 同 Hins 係樂壇出名感情要好嘅一對「皇上皇后」。其實，佢哋早在十多年前，啱啱出道嗰陣已經相識，當時兩人都係環球唱片公司嘅歌手，曾經一齊出過音樂專輯，可以話係識於微時。多年來，佢哋有過多次合作，一直都老友鬼鬼、默契十足，喺舞台上點玩都得。就連佢哋嘅 fans，都希望兩人可以一同踏上紅館，為呢份友誼加冕。如今一連四場演唱會終於圓滿落幕，背後牽線嘅正正係呢份十多年嘅友誼同默契，真係十分難得。

不少歌手都希望嘗試更多不同發展方向，譬如Ivana，我知道佢除了專注於歌唱事業之外，近年亦向舞台劇、電影、電視劇等多方面發展，前途廣闊。佢 2014 年首次參與電影演出，即憑藉《金雞 SSS》榮獲金像獎「最佳新演員」、「最佳女配角」等多個獎項，初次拍戲就有此成績，絕對唔容易。雖然近年兩人發展方向各有不同，不過呢份友誼依然喺度。

2017 年 2 月 24 日

黎明開 show 扮「企鵝」

相信有關注開我個專欄嘅朋友都知道，農曆新年過後，演唱會一個接一個。其實我都幾鍾意睇 show 同聽 concert，平時做嘢壓力大，可以放鬆下，絕對係唔錯嘅選擇。

上星期五晚，黎明（Leon）再次喺中環海濱活動空間開 show，僅此一場嘅露天演唱會《Leon's Penguins in Live 2017》吸引 16,000 多名觀眾，除了本地歌迷之外，更有不少來自內地及海外嘅 fans 專程嚟香港捧場。露天開 show，如果遇上落雨都幾弊，雖然當晚天公作美，不過 Leon 話「有一隻歌一定要喺度唱⋯⋯」，帶俾觀眾一首《相逢在雨中》，之後仲邀請嘉賓鄭秀文（Sammi）登台獻唱。

黎明露天演唱會吸引 16,000 多名本地、內地及海外 fans 捧場。

今次演唱會嘅亮點，在於「one night stand」，堅係真 stand！由於現場不設劃位，一眾 fans 要同 Leon 一齊企足成晚，加上當晚氣溫急降，只有 12 度左右，要喺寒風中企住聽 concert，真係有種南極「企鵝」feel，同今次個主題好 match。Leon 亦都提前喺 facebook 留言，提醒「企鵝們」要注意保暖。除此之外，今次演唱會更特別採用電子票，入場時需要 scan QR code 同核對身份證，希望杜絕黃牛「炒飛」，讓更多人可以入場睇 show。

近來呢類戶外 show 愈來愈多，搞戶外 show 也是辦盛事，除了要準備一般的舞台燈光聲效之外，仲需要搭建場

地等，製作要求比普通室內 show 更高。繼去年的 4D 演唱會之後，Leon 事隔一年再次重返中環海濱，今次佢同團隊都特別用心，希望帶俾觀眾更好的體驗。喺「核心」外圍，去年野餐的熱鬧場面似乎不再，不過仍然吸引不少朋友駐足，繼續享受由「核心」散發出來的黎明歌聲。

近年，香港多了中環海濱、啟德郵輪碼頭廣場等戶外場地，可以舉辦多種多樣的 mega events。我一直期望，香港可以有更多新概念的 mega events，這也是我們推廣香港吸引旅客的一個重要策略。

2017 年 3 月 3 日

影壇需要年青新血

「香港電影金像獎」，創立於 1981 年。當時，香港電影業發展蓬勃，金像獎成為香港影壇以至亞洲影壇的重要獎項，亦係華語電影的極高殊榮，成為不少演員、導演、編劇等幕前幕後創作人員嘅畢生追求。

第 36 屆金像獎頒獎典禮，日前舉行。寰亞有份投資嘅《樹大招風》，奪得「最佳電影」、「最佳導演」、「最佳男主角」、「最佳編劇」以及「最佳剪接」共 5 個獎項。呢部電影係「新老合作」之作，即係由 3 位年青新晉導演許學文、歐文傑、黃偉傑執導，兩位影壇前輩杜琪峯、游乃海監製。今次可以囊括多個獎項，真係非常難得。

今屆金像獎有 5 位新晉導演，憑藉三部作品入圍「最

佳導演」，可以話係一個突破。除了《樹大招風》嘅 3 位導演之外，入圍嘅仲有另外 2 位新晉導演黃進（《一念無明》）、曾國祥（《七月與安生》）。年青導演可以有此成績，絕對唔簡單。我接觸過不少年青電影人，佢哋有自己嘅創意同想法，尋找更多發展機會。因此，投資電影時，培養年青人才，絕對會是其中一個考慮。

其實，金像獎由第二屆就開始設立「最佳新演員」獎，再於第 21 屆開始設立「新晉導演」獎，呢 2 個獎項就係為咗培養更多出色嘅新晉演員及導演。鼓勵佢哋喺電影路上繼續前行，不少早年曾經入圍的新晉演員和導演，如今早已成為資深電影人。

香港電影曾經蜚聲國際，享譽全球，有華人嘅地方就有港產電影。時至今日，電影業發展面對重重挑戰，合拍片逐漸成為香港電影發展嘅一條新路。電影行業要傳承同發展，就需要吸納更多年青新血，只有努力創作更多影視作品，開拓更為廣闊的內地和海外市場，才能再創香港電影嘅高峰。

2017 年 4 月 21 日

延續春嬌救志明的傳說

一段香港愛情故事，由 2009 年張志明（余文樂飾）同余春嬌（楊千嬅飾）喺後巷撻着一支煙開始，煙圈發展到馬桶內煙霧瀰漫的激情。到 2012 年，再由激情化為習慣，分隔異地，分分合合再度牽手，彷彿係呢個狹小城市愛情故事的寫照。5 年過後，2 人步向七年之癢。由彭浩翔執導，千嬅、樂仔領銜，原班人馬打造嘅《春嬌救志明》昨日正式上映，繼續延續呢段與香港人風雨同路的愛情故事。

由《志明與春嬌》、《春嬌與志明》，拍到第三集《春嬌救志明》，每一集，都有一些歌，會令你記得。延續首兩集翻唱經典 K 歌傳統，由甄妮《最後的玫瑰》，到上一

集王馨平《別問我是誰》；今次《春嬌救志明》中，春嬌與 Isabel（陳逸寧）同 Brenda（林兆霞）合唱《傳說》，仲用「MKB48」作為組合名，經寰亞音樂正式推出。

1987 年推出的《傳說》，係香港 80 年代組合 Radias 嘅名曲，首歌融合中式樂器與當年流行的電子音樂，由林夕填詞。《傳說》的詞，不論文學底蘊與「入腦」程度，總叫人難忘。歌詞內包含了經典戲寶《梁祝》、《紫釵記》、《帝女花》故事精髓，巧妙地將古今比對，反映現今愛情短暫。

另外，今次電影嘅同名主題曲《春嬌救志明》，係以台灣五月天 18 年前出道專輯中一首台語歌《志明與春嬌》為原曲，由黃偉文重新填詞，五月天再度獻唱。其實，彭浩翔一直好鍾意五月天嘅呢首《志明與春嬌》，我知道，當初就係呢首歌帶俾佢創作靈感，今次可以一齊合作，可以話係十分難得。

春嬌與志明眨眼已踏入 7 年感情期限，今次喜怒離合的張力，一定令大家繼續高潮迭起。

2017 年 4 月 28 日

《春嬌救志明》大收旺場

要拍好一齣電影唔容易，要拍一齣好嘅續集就更難。唔單止要有一氣呵成嘅劇本，仲要一眾台前幕後等方方面面嘅努力和配合。繼《志明與春嬌》、《春嬌與志明》之後，去到今次第三集《春嬌救志明》，依然大收旺場，呢段與香港人風雨同路走過 7 年嘅愛情故事，繼續獲得觀眾認同。

由彭浩翔執導，千嬅、樂仔領銜，原班人馬打造的《春嬌救志明》，上映短短三個幾星期，香港票房衝破 3,000 萬元，更加突破了第二集《春嬌與志明》嘅票房。為了今次電影宣傳推廣，一眾演員連日奔波，穿梭於香港與內地不同城市，跑咗過百場謝票。前幾晚，包括彭浩翔、

《春嬌救志明》大收旺場，一眾演員跑咗過百場謝票。

千嬅以及一班演員谷祖琳、邵音音、林兆霞、陳逸寧等筵開 19 席舉行慶功宴。雖然男主角樂仔嚟唔到有啲可惜，不過見到呢個成績，大家都好開心。導演彭浩翔仲攞《春嬌》出現過專食細路女的「乞乞剛」大講笑話。

其實，對比起今次的票房成績，我更加高興嘅係，本地題材、本地製作的影片可以再次得到大家認同。可以將屬於香港人嘅愛情故事，帶俾港澳、內地以至海外觀眾。一直以來，香港影視娛樂發展蜚聲國際，雖然近年電影業發展面對重重挑戰，但可以睇到，港產片依然有市場和發

305

展空間。

　　我之前喺專欄都講過，港產電影的發展，就好比拍續集一樣，關鍵在於傳承和創新。我哋不但需要吸納年青新血，培養幕前幕後年青電影人才，創造出更多影視作品，更加需要開拓市場，培養更大的觀眾羣。整體而言，港產電影發展非常倚重本地市場及海外拓展，其中以亞洲為最大的出口市場。如今國家「一帶一路」發展倡議，為文化產業發展帶來新的機遇，相信香港電影業發展亦可以從中受惠，藉此開拓更為廣闊的市場，獲得更多發展空間。

2017 年 5 月 26 日

好戲接連上映

一年一度嘅上海國際電影節，係華語電影嘅盛會。每年都會有多部新片登場亮相，今年都唔例外。不少香港電影人有份拍攝嘅電影，都有參展，當中包括《建軍大業》、《鮫珠傳》、《俠盜聯盟》等。

上個周末，我飛咗轉上海，參加今年電影節。星期六晚出席「博納之夜」酒會，不知不覺間，博納影業成立18周年，我同于冬亦識咗18年，我哋合作過很多部電影，包括嚟緊八月上映嘅鉅作《建軍大業》。

《建軍大業》係「建國三部曲」嘅第三部，亦係解放軍建軍九十周年嘅獻禮片。星期日喺上海舉行發佈會，導演劉偉強、監製黃建新以及一眾演員劉燁、朱亞文、王景

春、歐豪、劉昊然、馬天宇、吳樾、張天愛等齊齊亮相。

呢部電影，最大亮點係由一批「小鮮肉」擔綱主演。齣戲講嘅係 1927 年南昌起義前後嘅一段歷史，佢哋飾演嘅角色全部入木三分，重現當年年輕革命先輩嘅意氣昂揚。我有睇過試片，可以同大家講，呢部電影絕對係值得期待！

除此之外，嚟緊 8、9 月推出嘅，仲有內地年青導演楊磊執導、陳嘉上監製嘅古裝奇幻片《鮫珠傳》，同埋馮德倫執導、劉德華監製嘅《俠盜聯盟》。不得不提嘅係，《鮫珠傳》有不少動畫後期製作，所有 animations 都係由我哋中國電影人自己做，絕對係一部高水準電影。

可以睇到嘅係，今次我哋亮相嘅不少都係合拍片，其實經過多年發展，兩地電影合作已經越來越緊密。如今嘅華語電影，融合咗國產片同港產片精髓，走向更廣闊嘅國際市場。

2017 年 6 月 26 日

威武文明之師

上周剛完成一系列慶祝香港回歸祖國二十周年嘅重頭活動，十分精彩。香港回歸祖國二十周年，亦係中國人民解放軍進駐香港二十周年。喺呢個值得紀念嘅日子，更迎來解放軍海軍航母編隊來港。上周五，國家第一艘航空母艦「遼寧號」，率領三艘屬艦「濟南號」、「銀川號」、「煙台號」組成嘅航母編隊抵達，一連五日停泊香港。

今次係國家航空母艦編隊首次來港，「遼寧號」更係首次對公眾開放，機會十分難得。我知道唔少市民希望可以親眼見到國家第一艘航空母艦「遼寧號」，深夜排隊撲飛，為嘅就係登艦一睹航母風采。不只如此，編隊官兵在港期間，亦有參與慈善活動，軍民同樂，不但義賣紀念品

捐助安老院，更探訪老人家。從國家嘅層面講，我哋正在實現中華民族偉大復興嘅中國夢，唸家能夠擁有自己嘅航母，絕對係實現幾代人嘅夢想。我相信香港年青人亦加深了對國家現代化國防建設嘅認識，感受到國家海軍「威武文明之師」嘅風采。

如果講到我哋嘅威武文明之師，嚟緊由香港導演劉偉強執導、內地導演黃建新監製嘅電影《建軍大業》將於 8 月 3 號喺香港上映，齣戲講嘅係 1927 年南昌起義前後，革命先輩們喺極其艱苦嘅環境下建軍嘅一段歷史，相信可以加深市民對解放軍歷史嘅認識。呢部電影最大亮點係有一批「小鮮肉」擔綱主演，我有睇過試片，可以同大家講，呢部電影同樣不容錯過！

2017 年 7 月 14 日

《建軍大業》不容錯過

電影《建軍大業》將於嚟緊星期日喺灣仔會展舉行香港首映禮，8月3號正式上映。呢部電影係繼《建國大業》、《建黨偉業》之後，「建國三部曲」嘅第三部，亦係香港同內地電影業界，為慶祝中國人民解放軍建軍九十周年作出的莊重獻禮。

《建軍大業》由香港導演劉偉強執導、內地導演黃建新監製，講嘅係 1927 年南昌起義前後，革命先輩們喺極其艱苦嘅環境下建軍嘅一段歷史。今次演員陣容相當龐大，我哋特別挑選一批年青實力派演員擔綱主演，佢哋飾演嘅角色全部入木三分，重現年輕革命先輩嘅意氣昂揚。

除此之外，氣勢磅礡嘅爆破場面，亦係呢部電影嘅一

《建軍大業》展現解放軍在極其艱苦的環境下，成軍、建軍、強軍的輝煌歷史。

大亮點。激烈戰爭場面，幾乎佔了成齣戲嘅三分之二。為咗真實呈現當年嘅戰爭場面，成個拍攝團隊絕對係落足功夫。尤其係喺拍攝「三河壩戰役」一場戲時，劇組親手搭建結構複雜嘅戰壕，數百位演員「打」了一個月，爆破組每日埋下嘅炸點均有數百個之多。喺拍攝「南昌起義」時，實拍爆破火舌直衝三層建築物樓頂，再加上連環炸點組合爆破所帶來的視覺衝擊，相信一定可以為觀眾帶來親臨其境嘅感觀刺激。

今個月初，國家第一艘航母「遼寧號」編隊訪港，展現解放軍「威武之師、文明之師」的風貌，掀起香港社會一股撲飛潮，也牽動了無數港人嘅愛國心。今次《建軍大業》，再現人民解放軍在極其艱苦的環境下，成軍、建軍、強軍的輝煌歷史，相信可以加深市民對解放軍歷史嘅認識。可以同大家講，呢部電影絕對不容錯過！

2017 年 7 月 28 日

《建軍大業》盛大首映

今年係中國人民解放軍建軍九十周年,作為獻禮電影嘅《建軍大業》昨日正式上映。上星期日同星期一,我哋接連喺香港及澳門兩地舉行盛大首映禮,好多謝眾多政商界、電影業界朋友嘅支持同捧場。

首映禮上,中影董事長喇培康、博納影業董事長于冬,以及一眾主創人員,包括總策劃及藝術總監韓三平、監製黃建新、導演劉偉強,主演朱亞文、張涵予、張天愛、馬天宇、劉昊然等齊齊登場,分享電影「成軍」之路。

《建軍大業》係繼《建國大業》、《建黨偉業》後,「建國三部曲」系列嘅第三部,故事聚焦 1927 年南昌起義前後,革命先輩們喺極其艱苦嘅環境下創建革命隊伍,打響

武裝抗爭嘅第一槍。電影以一幕幕動人心魄嘅戰鬥畫面，再現當年波瀾壯闊嘅革命歷史。

拍革命歷史題材嘅作品，最重要係充分了解呢段歷史。我知道劉偉強同創作團隊，為咗還原呢段歷史下了不少功夫，花了一年多時間去搜集資料，睇過嘅資料加埋有成三呎厚；更走遍歷史博物館、戰爭紀念館，去到歷史人物嘅舊居同與建軍有關嘅城市親身感受，了解 90 年前革命先驅嘅偉大事跡。戲中有很多爆破場面，都係真正嘅爆破，沒有後期電腦特效加工。劉偉強話，今次拍電影最大得益，係上了一堂歷史課。

此外不得不提嘅係，呢部電影由香港導演執導、內地導演擔任總策劃同監製，不但係兩地電影業界為慶祝建軍九十周年作出嘅莊重獻禮，亦係兩地電影業界合作、共同發展更大華語電影市場嘅又一例證。呢部電影我已經睇過好幾次，仍覺盪氣迴腸。

2017 年 8 月 4 日

《追捕》亮相威尼斯影展

　　一年一度的威尼斯國際影展，是歷史最悠久的電影盛會，同法國康城影展、德國柏林影展，並稱為國際三大影展。今個月初，由導演吳宇森執導的電影《追捕》，亮相威尼斯影展作全球首映。現場反應相當熱烈，成為國際影壇及傳媒關注焦點。今個月陸續在多倫多影展、韓國釜山電影節首映，並將於 11 月底於香港正式上映。

　　相信不少朋友都記得，由佐藤純彌執導、高倉健主演的《追捕》。電影於 1976 年上映，係內地首批進口影片，當年曾風靡一時，觀影人次超過 8 億，一直位列影壇神話之一，更加成為不少電影人的啟蒙作品。吳宇森同我講過，佢當年都好崇拜高倉健，之後曾經有談過合作，一直

《追捕》亮相威尼斯影展作全球首映，成為國際影壇焦點。

等待適合劇本，可惜到最後都未有機會，今次執導呢部戲很有意義。

今次我哋重拍《追捕》，由吳宇森執導，陳嘉上、陳慶嘉監製，張涵予、福山雅治、戚薇、河智苑領銜主演。呢部戲改編自日本小說原著《涉過憤怒的河》，為咗能夠更加真實體現原著特色，同時又不失吳宇森導演嘅個人風格，我哋仲邀請多位日本著名技術人員加盟團隊，並在日本進行主要拍攝。我睇過試片，真係所有回憶都返晒嚟，非常值得期待。

我經常都講，發展電影產業，一定要拓寬出路，尋找更廣闊的發展空間。以今次的《追捕》為例，整個拍攝製作班底來自內地、香港、台灣、日本及韓國等地，有多達4,000人參與製作。要完成一個大型電影製作並不容易，各地人才、資源匯聚，我哋香港嘅電影產業才能更有力走向廣闊嘅國際市場。

2017 年 9 月 22 日

超級劇集《蝕日風暴》

隨着互聯網的發展，近年各地開始興起網絡劇，並且愈來愈受到觀眾歡迎。

今個星期一，全新原創超級劇集《蝕日風暴》舉行媒體發佈會。劇集由優酷自製、寰亞傳媒聯合出品。發佈會上，總製片丁恒、監製梁家樹、導演洪金潑，主演張智霖、薛凱琪、王陽明、梁漢文、陳瑾如、李思函、梁靖琪以及眾多知名香港演員悉數亮相，製作班底絕對係非常強勁。

《蝕日風暴》故事係以港產製作最拿手嘅警匪片為主軸，融合犯罪、探案、解謎、懸疑等元素，劇集已於十月中開機，除了喺香港拍攝之外，嗱緊製作團隊仲會去到馬

《蝕日風暴》舉行媒體發佈會，強勁製作班底悉數亮相。

來西亞、布達佩斯實地取景。今次劇集更加啟用全電影製作規格，無論鏡頭、畫面構圖，還是色彩質感嘅呈現上，都拍得上大螢幕效果，希望帶給觀眾全新視覺享受。我有睇過一啲片段，真係好精彩，相信最後嘅成片會更加值得期待。

除此之外，我哋同步拍攝緊嘅仲有航空題材電視劇《壯志高飛》，由梁家樹監製、蔡晶盛導演，陳喬恩、鄭愷、朱梓驍、呂一、胡兵、許曉晗、張洋等主演，將於明年推出。

網絡劇發展市場龐大。數據顯示，2016 年內地網絡劇產量，總時數已突破 12 萬分鐘。同期比增長近兩倍，

網絡劇年產量幾乎已經追平電視劇。網絡平台，亦為影視作品帶來更加多元化嘅發展。就好似今次《蝕日風暴》提到嘅「超級劇集」concept，將來可以喺劇集嘅基礎上，衍生出漫畫、大電影等不同產品，將內容嘅價值影響力發揮到最大。

　　香港影視產業發展一定要拓寬出路，近年兩地合拍電影、合拍劇集逐漸成為一條新路，有助香港影視製作走向更廣闊嘅市場。

2017 年 11 月 17 日

MAMA 音樂盛宴

　　韓國樂壇年度盛事「MAMA 亞洲音樂頒獎禮」（Mnet Asian Music Awards），上星期圓滿落幕。相信熟悉「韓流」的朋友都一定知道 MAMA，佢喺亞洲樂壇都相當有影響力，更加係亞洲最大最頂級嘅音樂頒獎禮。

　　今年 MAMA 頒獎禮，擴大規模。首先喺越南拉開序幕，之後移師日本，最後在香港劃上完美句號。上星期五，MAMA 喺亞洲博覽館舉行壓軸頒獎禮，由知名韓星宋仲基擔任主持人。人氣組合 EXO 憑藉今年推出的專輯《The War》，連續 5 年奪得 MAMA「年度專輯」大獎。防彈少年團（BTS），當晚捧走「年度歌手」、「最佳音樂錄影帶」等多個獎項。至於「最佳男團」、「最佳女團」獎項，

MAMA 連續多年在香港舉行。

就分別由出道短短幾個月的新晉男團 Wanna One 以及人氣女團 Red Velvet 奪得。

MAMA 由 2010 年開始，選擇在亞洲不同城市舉辦頒獎禮。香港作為亞洲經濟文化中心，擁有便利交通及完善設施，每年都舉辦不少大型演唱會同樂壇盛事，MAMA 至今已經連續第六年喺香港舉行。今年主辦方，特別打造前所未有嘅「MAMA Week」。由 11 月 25 號至 12 月 1 號，

先後在越南、日本及香港三地舉行為期一周嘅頒獎禮，希望藉此促進亞洲音樂市場的文化交流。

香港係一個充滿活力和創意的國際都會，我哋嘅文化產業一直都蓬勃興旺，香港樂壇更加培養出不少當紅歌手，不單引領華語社會，在亞洲以至世界各地都深受歡迎。香港應該積極把握機遇，走向更加廣闊的市場，期待香港的娛樂文化發展繼續輝煌。

2017 年 12 月 8 日

向「區區有戲院」不斷邁進

香港電影業，近年發展勢頭不俗。我哋 MCL 院線也積極開拓市場，除了開設新戲院之外，今年先後對康怡戲院、德福戲院進行翻新，無論裝修還是設備上都有全面提升，希望帶俾觀眾全新視聽享受。今個星期，MCL 德福戲院舉行開幕典禮，重新與觀眾見面。

翻新之後嘅 MCL 德福戲院，繼續設有 6 個影院，全部升級 4K 數碼投影系統，合共提供 789 個座位。戲院仲換晒高背皮椅，比起以前嘅座椅更加舒服。其中，1 號影院係全港第二間 MX4D 動感影院，可以配合電影場景，提供 11 種不同動感特效；至於 2 號及 3 號影院就命名為 House FX，採用 Dolby Atmos 全景聲效系統及美國

Buttkicker 系統，希望可以喺聲、光、畫方面帶俾觀眾最優質嘅享受。

熟悉我的朋友都知道，我除咗娛樂事業外，對美食亦頗有研究。今次新戲院除咗供應傳統爆谷等小食外，我哋更特別引進來自摩納哥的漢堡包餐廳 Grubers，開設亞洲首家分店，帶來多款嶄新口味漢堡包。Grubers 提供多款即叫即製漢堡包，全部食材由摩納哥直送，絕對原汁原味。餐廳裝修設計充滿濃厚工業味，以水泥牆配上大量復古感重嘅原木桌椅及石地板，型格十足。

嚟緊我哋會繼續雙線發展，一方面物色地方開設新戲院，另一方面繼續旗下戲院翻新升級計劃，向「區區有戲院」呢個目標不斷邁進。香港影視娛樂一直引領潮流，如果有多啲放映場地，不單可以方便市民睇戲，培養更大的觀眾羣；更可以吸引到更多人才從事電影創作，增加年青人投身電影行業的機會，支持香港電影業不斷發展。

2017 年 12 月 22 日

千嬅成就跨年傳奇

楊千嬅加入了寰亞已經有 10 個年頭，我一直見證住佢在演藝事業同埋人生道路上嘅成長。千嬅上月開始一連 11 場喺紅館開 show，橫跨聖誕同新年檔期。今次千嬅如願開跨年 show，除夕夜踏入零時一刻，仲同全場萬人倒數迎接新年。

演唱會星期二晚圓滿完成，我都有去現場為佢打氣。尾場由余文樂擔任表演嘉賓，同千嬅一齊合唱佢哋喺電影《春嬌救志明》中唱過嘅歌曲《當我想起你》。講開又講，啱啱香港票房有限公司公佈 2017 年本港電影票房，《春嬌救志明》榮登去年香港電影 10 大票房榜首，可喜可賀。今次演唱會對千嬅嚟講，絕對係一次挑戰同突破。大家知

道，千嬅每晚 concert 都勁歌熱舞又打側手翻，由開場《繼續努力》，到中段表演《Wonder Woman》，令觀眾愈睇愈 high。千嬅同我講，佢為咗今次開 show，提前 3 個月特訓，甚至喺演唱會期間 keep 住操練，就係希望可以發揮到極限。

有睇過千嬅 fb 短片《起碼我做過》嘅朋友都知道，佢特訓包括舉重、跳繩、拳擊、攀石，操練重型器械等，的確非常 tough。千嬅話，經過今次特訓，深深體會到放棄是一件很容易的事，盡自己所能堅持下去，雖然有困難、艱辛，即使結果未如理想，至少付出了努力。

千嬅付出百分百努力回報歌迷，愈戰愈勇，觀眾亦愈睇愈 high！恭喜你丁太，你為自己做咗個跨年傳奇。呢個畫面，令我諗起香港人永不言棄嘅拼搏精神，為了不同目標努力打拼。

2018 年 1 月 5 日

打擊黃牛

香港人十分重視文化娛樂康樂活動，演唱會、球賽、話劇、歌劇等等，好多時都一票難求。一票難求就好易帶嚟排隊，甚至「黃牛」問題。我旗下公司亦有開唔同嘅show，好多時朋友也好、fans也好，碰面時都有同我呻撲飛艱難。近日「黃牛」再次引起社會熱議。其實，唔少業界朋友都希望業界健康均衡發展，同時亦希望讓更多唔同朋友欣賞到表演。如何解決這個狀況，的確值得大家一齊探討。

近年「黃牛」愈見厲害，網絡二手市場發展可謂誘因之一。市面上多了很多二手炒賣網站，網上轉讓門票亦較以往方便，加上炒賣的暴利空間，催生二手「黃牛」市場

發展。因此，有意見認為，政府應該研究修訂法例，加強規管紅館等娛樂場館「黃牛」活動，提高刑罰水平；同時亦應該監管二手市場經營者以及二手網站的運作，從源頭打擊「黃牛」活動。

業界方面亦積極嘗試不同方法改善發售方式，譬如限制每人只能購買 2 至 4 張門票，適當增加公開發售門票數量等，就係希望讓更多人可以買到飛入場睇 show。至於實行實名制，在細節執行上，觀眾需要提前數小時排隊入場核查身份證明文件，即係本來大約 8 點入場，實名制就可能要大家 6 點幾 7 點就要在場外排隊，苦了觀眾；而且，實名制對旅客訂票也會引起不便，因此仲需要大家多作討論。

除此之外，供求問題亦需要得到重視。香港演唱會發展蓬勃，不單吸引各地歌手來香港開 show，好多不同地方的朋友亦會專程來睇 show。只要有巨星開 show，他們絕對願意遠道而來，這股潮流也帶旺本港消費和旅客增長。不過，香港缺乏足夠的大型表演及會展場地，紅館是市區唯一可以容納 1 萬人以上的表演場地，檔期長爆，歌手要搵個表演場地都唔易。如果可以增加演出場地，譬如在政府正規劃建設的西九文化區和啟德體育園等，相信可

以有助緩解供求緊張的問題，豐富市民文娛康樂生活，同時亦促進業界健康發展。

2018 年 4 月 27 日

MAMA 十年

相信熟悉「韓流」的朋友，都一定會知道 MAMA。韓國年度樂壇盛事「MAMA 亞洲音樂頒獎禮」上星期圓滿閉幕，佢喺亞洲樂壇都相當有影響力，絕對稱得上係亞洲最大最頂級嘅音樂頒獎禮。

上星期五，MAMA 喺亞洲博覽館舉行壓軸頒獎禮，絕對係星光熠熠，陣容鼎盛。今年頒獎禮，繼續由知名韓星宋仲基擔任主持人，佢一上台，就先用中文同觀眾打招呼，即時炒熱氣氛。今年防彈少年團 (BTS) 憑專輯《Love Yourself》系列獲「最佳年度專輯」、「最佳年度歌手」、「最佳音樂錄影帶」等五個獎項，成為當晚大贏家。新晉男團 Wanna One 冧莊「最佳男團」，而「最佳女團」就由人氣女

MAMA 是亞洲最大最頂級的音樂頒獎禮。

團 TWICE 奪得，佢哋仲獲得「最佳年度歌曲」、「最佳舞蹈表演女團」等不同獎項。

今年，MAMA 頒獎禮踏入第 10 年。繼去年之後，主辦方今年再度打造「MAMA Week」，上星期先後在韓國、日本及香港三地舉行為期一周嘅頒獎禮，更加係闊別 9 年後重回首爾，一眾歌手亦都翻唱過去 10 年嘅經典金曲，為亞洲不同地方嘅觀眾帶來華麗音樂盛宴。除此之外，

MAMA 仲透過電視頻道和網絡平台，在亞洲以至歐美等地同步播放，同時亦可以在網站、手機應用程式重溫精彩片段，同全球音樂 fans 一齊分享樂壇盛事。

MAMA 至今已經連續 7 年喺香港舉行，我哋寰亞亦連續第六年成為 MAMA 嘅共同製作單位。香港擁有便利交通及完善設施，每年都舉辦不少大型演唱會同樂壇盛事，多年來 MAMA 選擇香港，不少年輕歌迷亦都遠道而來，這股潮流也帶旺消費和過夜旅客增長。香港作為連繫內地和國際「雙門戶」，在國家新一輪改革開放中，區域樞紐角色將更加突出，各行各業發展亦都因此受惠。我們應該積極把握機遇，推動娛樂文化產業持續發展，開拓更廣闊的市場。

2018 年 12 月 31 日

華仔，支持你

劉德華事隔 8 年，重踏紅館。上月 15 號就開始一連 20 場《My Love Andy Lau 劉德華 World Tour - Hong Kong 2018》演唱會，希望同歌迷觀眾一齊度過聖誕跨年。可惜，喺上星期五晚嗰場，華仔因為喉嚨發炎突然失聲，無法繼續演出。嗰晚我一知道，同好多朋友都好擔心佢嘅情況，之後亦知道佢病況唔輕，往後幾日幾場演唱會亦都受到影響。

我一直都好支持華仔嘅演出，今次佢舉行跨年演唱會，我知道唔少 fans 都十分期待，尤其係平安夜同除夕夜嗰幾場。記得上星期平安夜嗰場，舞台仲特意換上聖誕裝飾同佈置，華仔仲同全場 fans 一齊合唱聖誕歌，現場氣氛真係好 high。可惜，佢最後因為確診流感而要休息，佢自

華仔演唱會因為他確診流感而要被逼取消，相信他之後每場演出都會一如以往地全力以赴，絕不留力。

己都話，「真的……很不好意思，深深向所有受影響的大眾們致歉」。

我同華仔都認識咗好多年，我相信如果唔係因為病情失聲而迫不得已，任何情況下，佢絕對會選擇一路唱落去。我十分認同對於一名專業歌手嚟講，健康同演出水準同樣重要，更何況是對自己演出要求極高嘅 artist，一定會 make sure 演出質素，我相信呢個亦都係對 fans 同觀眾負責任嘅做法。

對於取消演出嘅後續安排，不少觀眾千辛萬苦撲飛，

我絕對明白補場係好過退錢。我知道華仔佢哋已經入紙，向紅館申請今年 12 月份嘅場地，希望能夠安排補場演出。相信今個月底之前可以有消息。如果成功租用場地，觀眾仍可選擇補場或者退票；若果申請失敗，亦會馬上安排退票。今次受影響 7 場演唱會嘅朋友，記得保留好門票，等待華仔佢哋公佈最新消息。

　　我知道華仔嗰家嘅狀況已經好轉，相信好快可以康復，希望佢身體可以 ready，同各位見面。相信佢之後每一場嘅演出，都一定會一如以往地全力以赴，絕不留力。最後，大家也要在寒冷的天氣，注意身體！

2019 年 1 月 4 日

伊健開 show 全城效應

鄭伊健一連六場《Along With Ekin Live Concert 2019》演唱會，星期日晚在紅館拉開序幕。一眾 fans 熱情捧場，我都有去現場為佢打氣。

伊健出道多年，拍過不少經典電影，《古惑仔》、《風雲》、《極速傳說》等等，絕對係香港人嘅回憶。距離佢上次紅館開 show，已有差不多 7 年。伊健今次 concert 嘅歌單，讓大家十分滿足。《甘心替代你》、《一個為你甘去蹈火海的人》、《仍能情深愛上》、《直至消失天與地》、《誰可情深如我》……。有老友同我講，基本上現場一響起前奏，大家已經知道係邊首歌，伊健一唱，成個回憶畫面即刻喺腦度係咁 loop！

當晚，佢亦都大顯身手，喺大鐵環上表演倒吊同引體上升等高難度動作，臂力十足；快速旋轉舞台上大唱《極速》，我都見到好多 fans 喺 FB 放片不停回味。除此之外，佢大唱《古惑仔》時仲大戰機械人，加埋現場煙火，畫面精彩。我知道佢早兩日嗰場表演不慎韌帶受傷，依然帶痛堅持演出，絕對係精神可嘉，希望佢可以早日康復。話時話，呢套機械人，係伊健專程從日本運返嚟，真係唔簡單。仲有《全城效應》、《友情歲月》呢啲經典中嘅經典，唔駛講啦。

　　香港樂壇引領潮流，成就了不少歌手藝人。一部部經典港產電影風靡亞洲以至全球，本港娛樂文化，以及廣東歌一直以來影響着整個華語社會。隨着西九戲曲中心上個月落成，啟德體育園亦將於今年動工，將來香港可以有更加多嘅表演場地，相信無論對豐富市民康樂文化生活，還是對業界以及香港娛樂文化產業發展來講，都係一件好事。

2019 年 3 月 1 日

影視娛樂盛宴

一年一度嘅香港影視娛樂博覽(Entertainment Expo)，今個星期一舉行。財政司司長、國家廣電總局副司長，仲有我哋香港影視娛樂大使黎明(Leon)同埋我一齊主禮啟動儀式。今年我哋嘅口號，係「香港影視娛樂博覽，想你倒轉都背得返」。相信大家睇完由 Leon 演出嘅宣傳片，都會驚嘆 Leon 竟然可以將博覽各項活動倒轉嚟背。事實上，今年博覽嘅節目，真係較去年更多更精彩，就算就咁背出嚟都唔容易。

今年繼續由香港國際影視展(FILMART)為博覽揭開序幕。今次 FILMART 吸引 888 家來自 35 個國家和地區嘅參展商參與，展出各式各樣嘅優秀作品。我哋亦舉行

2019年，一年一度嘅香港影視娛樂博覽啟動，繼續有香港國際影視展為博覽揭開序幕。

了14場主題研討會，很高興邀請到50多位國際知名嘅業內人士擔任演講嘉賓。近年電影同電視市場不斷轉變，創新科技廣泛應用。為咗滿足行業需求，我哋會積極拓展FILMART及各項活動，希望明年可以進一步擴大規模，將研討會升級為一個大型亞洲影視論壇。

同一時間，星期一我哋寰亞電影亦喺博覽當中舉行「2019寰亞電影發佈會」，展示今年多部重量級電影製作。包括荷李活導演雷尼・哈林（Renny Harlin）執導嘅動作影片《沉默的證人》，奧斯卡導演瀧田洋二郎執導嘅《聞

煙》，新晉導演黃慶勳執導、郭富城攜手楊千嬅主演嘅影片《麥路人》，麥曦茵執導、鄭秀文、賴雅妍、李曉峰領銜主演嘅治癒系電影《花椒之味》，周顯揚與韓庚再度合作嘅影片《我們永不言棄》，葉念琛導演嘅電影《阿索的故事》等多部不同題材嘅年度大作。

講開又講，《沉默的證人》係今屆香港國際電影節嘅開幕電影，嚟緊下個月正式上映。我睇過試片，電影將法醫題材故事同港產警匪片元素巧妙結合，上演一場亡命激鬥，真係非常之緊張刺激，相信會帶俾觀眾一場視覺盛宴。

我哋希望可以培育更多優秀電影人才，尤其是年青新血，創作更多優秀影視作品，推動我哋香港電影業再創高峰。

2019 年 3 月 22 日

資料鏈接

1. Mnet 亞洲音樂大獎 (MAMA)

由 1999 年的 Mnet 音樂錄像帶節、2004 年的 Mnet KM 音樂錄像帶節、2006 年的 Mnet KM 音樂節,至 2009 年終演變至今的 Mnet 亞洲音樂大獎 (即 Mnet Asian Music Awards,簡稱 MAMA),是由韓國娛樂公司 Mnet Media 舉辦的一個亞洲音樂盛事活動,被譽為亞洲其中一個最大型、最矚目的音樂頒獎典禮,是一個吸引全球同樂的國際音樂慶典。活動曾於香港、澳門、新加坡等多個亞洲城市舉辦,而自 2012 年起香港更成為其中一個最常合辦的城市,活動並會在亞洲、歐洲、北美及大洋洲播出,讓全世界歌迷跨越國籍、種族和世代進行交流。

2. 香港影視娛樂博覽 (Entertainment Expo)

香港影視娛樂博覽是香港娛樂事業的一個重要展覽,由香港貿易發展局主辦,集電影、數位娛樂、音樂及電視於一體。博覽會於 2005 年成功首辦,之後每年 3 月,亞洲娛樂業界頂尖人馬都會雲集香港,攜手參與博覽期間的

多項精彩盛事。整個博覽共有多項大型活動，包括：香港
國際影視展、電視世界國際論壇、香港亞洲電影投資會、
香港國際電影節、香港電影金像獎頒獎典禮、ifva 獨立短
片及影像媒體節、香港亞洲流行音樂節、數碼娛樂論壇。

BELT and ROAD
SUMMIT
一
高

香港特別行政區政府
The Government of the
Special Administrative

11/9/20

經濟之都

第五章

香港是座經濟城市

香港開埠一百多年來，由一個小漁港變成國際大都會，成就斐然。上個星期，張德江委員長訪港，在致辭中談到「勿忘初心，方得始終」，委員長特別指出，香港係一座經濟城市。他說，香港的國際地位由經濟地位決定，香港亂了，大家要一齊埋單。

可惜嘅係，近年香港社會爭拗不斷、停滯不前，一幕幕暴力衝突，令人十分痛心。固然，發展民主係社會發展嘅普遍需要，亦係香港社會向前發展嘅必由之路，但應該本着循序漸進、均衡參與嘅原則，唔好顧此而失彼。

委員長今次訪港，看香港嘅變化，聽各界嘅聲音，並在「一帶一路高峰論壇」發表講話。早上嘅論壇，由於會

2016年5月，張德江委員長訪港，談到「勿忘初心，方得始終」，更特別指出香港是一座經濟城市。

場保安嚴謹，我清晨六點幾就要起身準備參加活動。而在特區政府舉辦嘅歡迎晚宴前夕，委員長還創造條件，在小型酒會中與泛民議員面對面交流，多名與會者都形容，今次酒會交流氣氛好好。委員長最後仲問，是否沒有人再提問了，然後才做總結，令晚宴都遲咗開場。委員長和泛民議員交流，成為城中美談。我感到應該抓住呢次良機，將精力投放到發展經濟、改善民生上，大家合力做好經濟發展工作。

委員長十分關心民生議題，最後一日專程到將軍澳

參觀老人院,以及未入伙嘅觀塘安達邨,了解本港公屋發展。他指出「安居才能樂業」,香港地少人多,房屋問題係民生工作重中之重。我記得委員長還特別提到,大家看經濟,不要單單看香港,還要看國際和國內嘅經濟,要有全局視野。

近年,本港周邊城市基建新項目密密上馬。反觀香港,因為立法會拉布,基建民生項目嘅發展受到影響。據政府數字,今個立法年度審議通過工程項目,平均需時約 9 個月,較上個年度長兩個月,更係 2005/2006 年度嘅兩倍。

香港有今時今日嘅發展,係建基於過去幾代人嘅努力拼搏,經歷無數風雨、捱過重重艱苦,才有今日穩定安樂嘅社會環境。逆水行舟、不進則退。當初鄧小平先生提出「一國兩制」構想,就係希望在維護主權嘅前提下,最大程度地保留本港特色和優勢,發展經濟,保持長期繁榮穩定。我們不能忘記初衷,一定要凝聚力量、發展經濟、改善民生、薪火相傳,共同努力將香港人嘅拼搏精神延續下去。

2016 年 5 月 27 日

新一屆立法會要開足 turbo

立法會最後一次會議，喺上周五結束，意味今屆立法會會期正式劃上句號。可惜嘅係，今屆立法會俾市民最深刻嘅印象，可能未必係成功推動咗幾多有利香港嘅政策，過咗幾多條 bill，反而係無日無之嘅拉布同埋罵戰，甚至到咗會期嘅最後一刻，喺立法會 chamber 入面，依然就拉布爭拗不休，令人可惜。

好多議員朋友都同我呻，雖然今屆立法會已經休會，不過都仍然恍惚 keep 住聽到點人數的「噹～噹～噹～噹……」鐘聲。總結今屆立法會，會議時間長達 2,186 小時，係史上最長，但喺當中有十分之一嘅時間用咗喺點人數上面，總共有 1,478 次，4 年會期更加流會咗 18 次。拉布已經浪費咗立法會大量嘅議事時間。其實，拉布的客觀

影響，係令到有關經濟民生嘅政策、撥款及基建工程未能上馬。咁樣與其話係拉布，不如話係拉香港後腿。

立法會嘅職責，係審議政府嘅法案同撥款，監督政府施政。在角色上既係監察者，亦係推動者。如果立法會唔能夠做好推動者嘅角色，政府就會很難施政，香港亦都很難發展。相信大家都認同，近年香港發展速度不斷減慢，立法會嘅拉布，正正係香港發展嘅最大絆腳石。多項基建撥款工程一拖再拖，多條關係民生嘅法案，包括《2016年醫生註冊（修訂）條例草案》、《2015年消防（修訂條例草案)》未能夠及時通過；多個推動經濟發展嘅議員議案，唔能夠在立法會辯論，議事廳充斥住點人數嘅鐘聲同埋議員嘅對罵聲。香港嘅發展，自然受到拖累，失去咗以往嘅效率。香港，一向都係一個有商有量嘅地方。社會唔會因為拉布而獲益多咗，相反，只會令香港的引擎在空轉。

發展係香港繁榮安定嘅根基，係700萬市民生活嘅依靠。面對現時外圍經濟環境不明朗，加上周邊對手嘅競爭，香港更加需要加快發展，以應對未來嘅挑戰。寄望新一屆立法會議員可以好似「獅子山下」歌詞咁，「放開彼此心中矛盾，理想一起去追」，齊齊開足 turbo，追番香港失去嘅歲月。

2016 年 7 月 22 日

讓經濟民生向前走

新一屆立法會選舉圓滿落幕，今屆參選名單數目係歷來之冠，競爭比以往激烈。星期日投票日，多個票站到晚上十點半嘅原定結束投票時間，仍然有長長人龍「打蛇餅」等緊投票。今次選舉，共有 220 萬選民投票，創歷屆立法會選舉新高，再一次顯示香港人關心社會。

星期日一大早，我同經民聯一眾黨友一齊去到香港、九龍西多個街站，為競逐連任嘅黨友宣傳拉票。在九龍西，聽到不少街坊讚好梁美芬，認同佢堅持做實事嘅態度，有啲仲話已經投咗票俾佢，令人感動。上屆議會拉布不斷，美芬上個月同街坊一齊錄咗首《反拉布之歌》，拍埋 MV 放上網，反應唔錯。今次經民聯七位議員當選連

任，齊齊整整重返立法會，顯示社會都認同我哋反拉布、促經濟、惠民生嘅努力。

上屆議會留俾大家最深嘅印象，相信係無日無之嘅拉布同埋罵戰。多項基建工程撥款一拖再拖，甚至到咗會期嘅最後一刻，依然就拉布爭拗不休。多條關係民生嘅法案，未能夠及時通過，實在令人可惜。今屆立法會選舉結果塵埃落定，未來四年行政立法關係何去何從？備受市民關注。

發展經濟係香港繁榮穩定嘅基石，係 700 萬市民嘅生活依靠。香港有今時今日嘅發展，建基於過去幾代人歷盡風雨的努力拼搏，如今面對外圍經濟挑戰，香港的發展不能再放慢腳步。

新一屆立法會有更多新面孔，來自唔同陣營唔同政黨嘅議員，大家應該坐埋一齊去傾，將香港利益放在首位，放下彼此政見分歧，通力合作解決經濟、民生等不同問題，建立理性溝通的議會氛圍，讓社會重回良性討論。香港需要一個理性的立法會，大家一條心，努力拼搏，讓香港經濟民生向前走。

2016 年 9 月 9 日

趕上國家發展的「快車」

每年 3 月，「兩會」都會係談論話題，我最近兩個星期在北京參加全國政協會議。呢幾日，早春嘅北京萬里晴空，路邊嘅玉蘭爭相盛放，天氣相當唔錯。

張德江委員長上個星期六出席政協港澳聯組會議，希望聽聽委員們反映不同嘅意見，更表示可以多留 20 分鐘，讓更多委員可以即席發言。我留意到，委員長一直非常關心香港嘅經濟發展，在不同會議上都提到，深圳 30 多年前還是個小漁村，而當時香港已成為亞洲四小龍之一。如今，深圳 GDP 達到 1.9 萬億人民幣，好有可能在兩三年內超過香港。我感到，委員長在為香港着急，希望我哋香港人應多啲關心經濟，唔好搞咁多政治爭拗，唔好俾

深圳發展一日千里，可能超越香港。香港人應多關心經濟，趕上國家發展快車。

人搵住件衫上唔到車。

　　香港係一座經濟城市，開埠百多年，由昔日一個小漁港變成今日嘅國際大都會，一切都來之不易。一直以來，內地係香港發展嘅最大靠山，近年通過 CEPA 協定、開放「自由行」、「滬港通」、「深港通」等多項政策落實，為香港經濟發展注入更多活水。譬如旅遊方面，訪港旅客在2004-2014 年 10 年間持續增長，帶動酒店、零售、餐飲、運輸等多個行業發展。可惜嘅係，最近兩年由於受到多種因素影響，內地訪港旅客數量開始下跌，香港嘅經濟發展亦受到影響。

　　相信大家都知道，近日中韓關係緊張，內地民眾赴韓

旅遊熱情驟減，我們可否藉此吸引番多啲內地過夜旅客來港呢？事實上，政治爭拗只會令香港蹉跎歲月，只有緊緊揢實國家發展嘅「快車」，才能又快又好咁發展到經濟，不斷改善到民生。所以，重拾香港嘅和諧，才能讓香港市民真正受惠。

委員長還特別講到，在「一國兩制」下，港澳和內地係一家人，較其他國家和地區更有條件搭上國家發展的快車，他說「別人搭車還要排隊買票，港澳不用排隊買票，國家已留着座位」，期望我們趕上步伐，同國家一齊大發展。

嚟緊月尾就係特首選舉，希望選出嘅新一任特首，繼續帶領香港把握機遇，聚焦經濟發展，揢實國家發展嘅「快車」，保持香港嘅繁榮同穩定。

2017 年 3 月 10 日

團結社會向前行

特首選舉圓滿結束，三位候選人分出勝負後擁抱、握手、互相勉勵，上演令人開心一幕。林鄭月娥（Carrie）以 777 票當選新一任行政長官，將成為香港首位女特首。

選舉嗰陣，我為 Carrie 拍過一條片，為佢助選。近年來，我牽頭搞過唔少大型活動，同 Carrie 有多次合作，我發現喺佢負責嘅項目中，溝通會更加暢順，效率亦更加高。可以睇得到 Carrie 統籌能力強，做事有承擔，亦全心全意為香港，我相信佢係一個理想嘅特首人選。

今年「兩會」上，張德江委員長提醒我哋，深圳 GDP 好有可能在兩三年內超過香港，希望大家多啲關心經濟，把握機遇搭上國家發展的「快車」，唔好再自己拖後腿。喺過去幾

年，委員長幾乎在每一次同我哋會面中，都提到港人要多啲關心經濟的說話。Carrie 亦曾經喺一個論壇上提到，香港過去多年嘅 GDP 增長低於新加坡，佢話自己好唔甘心。呢番話，講出我嘅心聲。我相信，當大家見到我哋經濟發展速度不如周邊城市嘅時候，都會同樣感到唔甘心，香港唔應該係咁樣。

近年，香港社會政治爭拗不斷，立法會成為拉鋸戰嘅「戰場」。Carrie 當選後發表感言，強調首要工作是修補社會撕裂和解開鬱結，團結社會向前行，並希望可以建立恆常溝通機制，為行政立法關係打好基礎。其實選舉嘅時候，大家有唔同意見係好正常，如今選舉結果塵埃落定，期望立法會唔同陣營、唔同政黨嘅議員，大家可以藉此契機，放下彼此政見分歧，就經濟民生等議題，與政府深入討論，切實改善行政立法關係，通力合作，讓社會重回理性討論。

Carrie 嚟緊幾個月，最重要嘅事情係籌組新班子。而大家最關心嘅，莫過於新一屆政府如何落實政綱，發展經濟，提出更多惠民政策。我睇過 Carrie 提出嘅政綱，佢喺稅務、房屋、教育等方面，都有很多新構想。相信未來五年，佢會團結大家一齊同行，繼續把握機遇，聚焦經濟發展，帶領香港再創高峰。

2017 年 3 月 31 日

「澳門經驗」的啟示

相信大家都記得，張德江委員長去年訪港，提到香港發展經濟要「勿忘初心，方得始終」。時隔一年，委員長今個星期到訪澳門，高度評價澳門在貫徹落實「一國兩制」和《基本法》、發展經濟民生所取得嘅成績。港澳兩地一衣帶水，我哋應該學習借鑒澳門嘅成功經驗，從中得到啟示。

委員長一直非常關心香港同澳門經濟發展。今次訪問澳門亦特別提到，澳門去年 GDP 較回歸時增長了 5.9 倍，年均增長 7.75%，人均 GDP 達到 6.9 萬美元，喺世界上處於領先地位。委員長說，很高興見到澳門「立足當前，謀劃長遠」，把握國家「十三五規劃」和「一帶一路」等戰略

機遇，促進經濟適度多元發展。

　　睇返香港嘅數字，2016 年本港人均 GDP 接近 4.5 萬美元，雖然喺國際上亦有一定競爭力，但遠低於毗鄰嘅澳門和新加坡。我知道，好多人都同我一樣，對此都好唔甘心。今年「兩會」時，委員長多次在不同會議上都提醒，希望我哋香港人應多啲關心經濟，唔好搞咁多政治爭拗。其實大家都知道，近年香港社會爭拗不斷，立法會拉布頻頻，經濟發展受到阻礙。相反，喺一海之隔嘅澳門，穩定嘅社會環境，為發展經濟提供了有利條件。

　　委員長多次講到，希望我哋可以趕上步伐，搭上國家發展的快車，同國家一齊發展。李克強總理在政府工作報告港澳部分，提出要研究制定粵港澳大灣區城市群發展規劃，正好為經濟發展帶來新嘅機遇。香港喺金融、貿易、航運等多個方面擁有獨特優勢，相信完全可以喺大灣區建設中，發揮優勢，一展所長。

　　逆水行舟、不進則退。香港社會要發展，民生要改善，就必須把握機遇，凝聚力量發展經濟，學習澳門嘅成功經驗，即係「團結，包容，務實進取，不爭拗，不空耗」，不要再錯過國家發展的快車。

2017 年 5 月 12 日

「一帶一路」發展新機遇

習近平主席在 2013 年提出「一帶一路」發展倡議，希望加強國際合作，達致共贏。今個星期，「一帶一路」國際合作高峰論壇，首次在北京舉行。從會後公佈的成果清單可以睇到，今次論壇成果豐碩，在政策溝通、設施聯通、貿易暢通、資金融通、民心相通等五方面，共取得 76 大項、270 多項具體成果。

對香港而言，國家與「一帶一路」沿線各國達成嘅合作共識同成果，將為本港經濟帶來新的機遇和發展前景。譬如喺「資金融通」方面，香港作為國際金融貿易中心，有優秀嘅專業人才以及連接內地與國際嘅經貿網絡，一直以來都扮演着「聯繫人」的角色，是內地企業「走出去」的重要平台。據貿發局數據顯示，截至 2016 年底，在港

上市的內地企業有 1,002 家，總市值為約 2 萬億美元，佔市場總值的 63%。自 1993 年，內地企業通過發行股票在港集資超過 5,000 億美元，香港已成為內地企業重要的離岸集資中心，也是最大的離岸人民幣業務中心。

如今不少「一帶一路」沿綫國家發展基建項目，需要大量資金，香港在資金融通方面的獨特優勢同經驗，完全可以再次扮演聯繫角色。將不同持份者連繫在一起，為沿線基礎設施建設、資源開發、產業合作等提供融資支持，成為「一帶一路」建設的重要資本市場。

除此之外，喺文化方面，香港係一個中西共融、自由開放嘅國際都會，一直以來係東西方文化交流嘅重要窗口。不同文化嘅匯聚，讓香港更有條件打造成為國際文化交流平台，推動「民心相通」。與此同時，「一帶一路」戰略，亦可以推動本港電影、音樂、設計等文創產業發展，走向更廣闊的國際市場。

「一帶一路」橫跨沿線 60 多個國家，規模龐大，為香港帶來的發展機遇不言而喻。相信各行各業的發展，都可以從中受惠。關鍵在於我哋如何把握機遇，發揮自身優勢，將機遇轉化為實實在在嘅發展成果，促進經濟持續發展，讓香港市民切實得益。

2017 年 5 月 19 日

共建粵港澳大灣區

上星期，習主席在香港慶祝回歸二十周年來港視察。他提醒我們「蘇州過後無艇搭，大家一定要珍惜機遇、抓住機遇，把主要精力集中到搞建設、謀發展上來」。習主席亦見證國家發改委與粵港澳三地政府簽署框架協議。中央提出的「一帶一路」及「粵港澳大灣區規劃」，實在為香港帶來前所未有的機遇。

粵港澳大灣區，涵蓋珠三角 9 個城市以及港澳特區，總人口約 6,800 萬，本地生產總值約 1.3 萬億美元，合作發展所帶來嘅經濟潛力，絕對不容忽視。以電影產業發展為例，將知名遊戲作品拍成電影，成為一股新趨勢。不少大型遊戲都相繼實現電影化，亦取得不錯票房成績。近年

內地遊戲產業日益蓬勃，深圳更加係遊戲研發及創科研究嘅主要基地，擁有豐厚基礎，如果善加利用作為電影主題，可以打造出更多具質素嘅電影。

講到電影拍攝，香港絕對係強項。而家電影製作好多時都要用到電腦特技效果，荷里活嘅特技班底固然係世界首屈一指，但其實內地電腦科技水平一日千里，已趕及荷里活嘅水平。就好似即將上映嘅電影《鮫珠傳》，當中所有 animations 都係由我哋內地電影人自己做。香港同內地完全可以喺人才培養方面有更多合作，譬如喺前海打造一個電腦特技培訓基地，為電影業提供更多專業技術人才，合力發展華語電影產業。

從電影業發展就可以睇到，融合咗國產片同港產片精髓嘅華語電影，有能力走向更廣闊嘅國際市場。建設大灣區城市群，發展灣區經濟，亦係將各地嘅優勢互補，無論對行業發展，還是整體經濟而言，都將會是無限機遇。

2017 年 7 月 7 日

化願景為行動

習近平主席提出「一帶一路」倡議，今年 5 月在「一帶一路國際合作高峰論壇」上，與沿線各國達成多項合作共識同成果，為各國經濟發展帶來新的機遇和廣闊前景。對香港而言，要抓緊「一帶一路」機遇，關鍵在於落實。就正如下星期在香港舉行的「一帶一路高峰論壇」的主題一樣，如何「化願景為行動」，將機遇轉化為實實在在嘅發展成果，促進經濟發展，讓市民切實得益。

事實上，香港作為國際金融貿易中心，有優秀的專業人才，以及連接內地與國際的經貿網絡，一直是內地企業「走出去」、海外投資「引進來」的重要平台。據貿發局數據顯示，截至去年底，在港上市的內地企業總市值約 2

特區政府與貿發局合辦第二屆「一帶一路高峰論壇」，共同探討將「一帶一路」機遇轉化為實實在在的發展成果。

萬億美元，佔市場總值達六成。香港已成為內地企業重要離岸集資中心，也是最大的離岸人民幣業務中心。而在吸引外資方面，香港亦是極具吸引力的市場。數據顯示，2016年香港吸納直接外來投資超過1,000億美元，位列全球第四。

　　古絲綢之路，打開了各國友好交往的新窗口，書寫了人類文明的新篇章。香港作為一個中西共融、自由開放的國際都會，是東西方文化交流的重要窗口，不同文化的匯聚，讓香港更有條件成為國際文化交流平台，推動中國

文化走出去。同時，亦帶動本港電影、音樂、設計等文創產業發展，走向更廣闊的國際市場。

香港擁有競爭優勢，完全可以發揮「國家所需，香港所長」，關鍵就在於我哋如何「化願景為行動」。嚟緊我會同幾位朋友一齊籌組新平台，希望可以把握國家發展機遇，匯聚香港工商專業界的力量，一齊開拓呢個廣闊市場。

2017 年 9 月 8 日

在倫敦推介香港

　　近年內地經濟騰飛，國家發展的同時，也為香港經濟發展帶來新機遇，擺在眼前，一個係國家「一帶一路」倡議，另一個係粵港澳大灣區規劃。

　　上星期，我飛咗轉倫敦，出席貿發局舉辦的大型論壇「Think Asia, Think Hong Kong」。今次活動目的，係展示香港作為國際商貿樞紐的優勢，幫助英國企業開拓中國以及亞洲市場。事實上，英國與香港經貿合作一直關係密切，現時面對內地經濟發展的龐大潛力，不少英國以及海外企業，都希望進軍大中華市場。香港擁有「一國兩制」獨特優勢，有優秀的專業人才以及連接內地與國際的經貿網絡，一直是企業「走出去」、「引進來」的重要平台。在「一

帶一路」和大灣區建設中，香港有優勢成為海外企業打入中國以至亞洲市場的首選門戶，在吸引海外投資上扮演積極角色。

要向海外推介香港，當然唔少得介紹香港嘅美食同文化。今次去倫敦做推廣，旅發局就特別喺會場外設立一間 pop up 冰室，以奶茶、蛋撻等地道港式美食去俘虜一眾嘉賓，我都有同朋友一齊去探班。旅發局仲帶同 30 位香港青少年管弦樂團成員，即場演奏多首香港經典金曲，包括《獅子山下》、《半斤八両》同《最緊要好玩》等等，反應非常熱烈。「一帶一路」建設亦講求民心相通，喺對外推廣香港、尋找商機的同時，希望可以加強人文交流，為香港吸引更多海外客源。

如今，不少國家和地區都希望搭上中國發展的「快車」。我哋要做嘅，就係把握機遇，發揮「國家所需，香港所長」，一齊開拓呢個廣闊市場。

2017 年 9 月 29 日

不忘初心方得始終

記得五年前，我同一班秉持相同理念的工商專業界人士、立法會議員、區議員同社會人士一齊，共同創辦「香港經濟民生聯盟」，希望能夠為建設香港貢獻力量。

今個星期，經民聯 5 歲生日，我哋以「成就五載，建設未來」為主題，喺灣仔會展筵開逾 60 席舉行晚宴。非常感謝一眾主禮嘉賓、政商界以及傳媒朋友捧場，一齊為經民聯五周年誌慶以及香港的未來，送上祝福。

晚宴表演環節，先由我哋青委會成員打頭陣，帶來精彩的螢光舞龍，之後唔少朋友都上台獻唱多首金曲，最後壓軸，我哋同一眾官員朋友以及現場嘉賓一齊獻唱《獅子山下》，為晚宴掀起高潮。現場好多嘉賓互相 selfie，我喺 fb 都見好多朋友 upload 咗好多相，非常盡興。

不忘初心，方能始終。5 年來，經民聯以「工商帶動

經民聯五周年誌慶。

經濟、專業改善民生」為宗旨，為香港發展出謀獻策，為工商專業界創造更好環境，為中產發聲，與廣大市民風雨同路。要感恩嘅係各界支持，經民聯一步一個腳印，逐步成長。展望未來，經民聯將繼續發揮工商專業優勢，抓住「一帶一路」、「粵港澳大灣區」建設帶來嘅巨大機遇，推動香港發展，貢獻國家。

順帶一提，話咁快仲有兩個星期就係除夕倒數。今年跨年煙火匯演，係慶祝香港特區成立 20 周年嘅壓軸活動，規模將會更為盛大，視覺效果豐富，更具層次感，現場仲會有演藝團體帶來精彩演出。希望 2018 年香港更加政通人和，大家幸福快樂。

2017 年 12 月 15 日

大嶼山可持續發展

我在大嶼山發展諮詢委員會服務已有 4 個年頭，好開心見到喺推進大嶼山可持續發展上有進展。大嶼山位處香港西南，建有全球其中一個最繁忙嘅機場。而且，港珠澳大橋就快開通，大嶼山可持續發展，將有助促進香港與大珠三角連繫。其實，大嶼山實質上是香港通往全球和大珠三角地區的國際和區域門戶。強化粵港澳大灣區的跨境交通網絡，對區域經濟和社會發展可以帶來正面影響，同時亦可以鞏固和提升香港國際金融、航運、貿易三大中心地位，推動旅遊、物流等發展。

大嶼山擁有廣闊的郊野公園，有富吸引力的旅遊景點，仲有新市鎮。而家，大嶼山北岸將會進行策略性經濟

和房屋發展，而其餘大部分地區，會作自然及人文歷史保育，配合一些可持續旅遊和休閒用途。

其實，大嶼山發展同旅遊業息息相關，迪士尼、天壇大佛、昂坪360等旅遊景點，係唔少市民和旅客假日休閒好去處。其中一個建議俾政府，就係研究推廣大嶼山與市區之間嘅水上交通，特別是連接大澳、東涌同埋市區嘅水上交通，可以疏導陸路交通之餘，亦為大嶼山居民和旅客提供相對休閒的另類交通選擇，仲有潛力成為觀光船。

除此之外，其實在旅遊盛事方面，我們亦希望有更多新想法，譬如，將來如果可以在港珠澳大橋舉辦大型國際單車賽和馬拉松賽事，不但可以宣傳大橋同大嶼山旅遊特色，亦有助提升香港旅遊形象。大嶼山在蛻變中不斷發展，我哋需要平衡經濟發展和保育需要，將可持續大嶼發展藍圖成真。

2018 年 1 月 12 日

共拓「一帶一路」發展機遇

國家主席習近平提出的「一帶一路」倡議，係中國首次以自身發展成果，搭建造福全人類的發展框架，亦為香港帶來新的發展機遇。張德江委員長出席 2016 年香港首屆「一帶一路」高峰論壇時，亦明確支持香港參與「一帶一路」建設。

對香港而言，要抓緊「一帶一路」發展機遇，關鍵在於落實。將機遇轉化為實實在在嘅發展成果，促進經濟發展，讓市民切實得益。去年 12 月，特首林鄭月娥代表特區政府與國家發改委簽署合作安排，作為香港進一步參與「一帶一路」建設的方針和藍本。

明日，我們將在北京舉行「國家所需　香港所長——

共拓一帶一路策略機遇」論壇。今次論壇由特區政府聯同我哋一帶一路總商會共同舉辦，希望向內地企業推介香港高度國際化的平台，以及在金融、專業服務、商貿等領域的獨特優勢，建立策略夥伴關係；同時亦為香港企業和專業服務界別搭建平台，促進各方合作，共同落實「一帶一路」發展倡議。

「一帶一路總商會」是由潘蘇通先生、鄭翔玲女士、嚴彬先生和我共同發起成立，旨在聯合港澳台僑的工商專業界力量參與「一帶一路」建設。未來工作有三大方向：一是盤點「一帶一路」相關國家及地區的華資分佈、產業分類及所面對的問題，藉此構建相關大數據庫；二是組建「共商共建共享」民間平台，推動民間與政府的交流和合作；三是為華資開拓「一帶一路」商機提供智力支援。

「一帶一路」建設工程規模宏大，需要多方面的參與，共襄盛舉。香港作為國際金融服務中心，擁有競爭優勢，完全可以發揮「國家所需，香港所長」，一齊開拓呢個廣闊市場。

2018 年 2 月 2 日

貢獻國家 成就香港

上星期六，香港特區政府聯同一帶一路總商會，在北京人民大會堂舉行「國家所需 香港所長——共拓一帶一路策略機遇」論壇，張德江委員長和多位國家領導人及有關部門負責人親臨出席。為期一天的論壇，有超過一百位香港工商及專業服務界別翹楚，以及接近四百位來自逾170間大型國有企業的領導及高管人員參與。各方在推進「一帶一路」建設上，進行直接對話，深入交流和分享。

張德江委員長在論壇上以「邁進新時代 共築中國夢」為題發表主旨演講，對香港參與「一帶一路」建設提出「四點希望」，為香港在「一帶一路」建設中賦予更豐富的角色，展示了更廣闊的空間。委員長更特別提到「國家發展

特區政府聯同一帶一路總商會在北京人民大會堂舉行「國家所需　香港所長——共拓一帶一路策略機遇」論壇，張德江委員長、國務委員楊潔篪和王勇，以及特首林鄭月娥等親臨出席。

始終需要香港，也必將不斷成就香港」。

　　事實上，正是因為順應了國家發展大勢，香港才有可能既在國家改革開放和現代化建設過程，作出獨特歷史性貢獻，又成就了自身的輝煌。時至今日，香港仍然是內地最大外來直接投資來源地，也是最大的離岸人民幣業務中心，是內地企業「走出去」、海外投資「引進來」的重要平台。委員長告誡「不謀全局者，不足以謀一域」，正是寄望香港全力擁抱並融入國家的整體大局。

　　「一帶一路」建設工程規模宏大，需要多方面的參與，

共襄盛舉。香港擁有獨特競爭優勢，完全可以發揮「國家所需，香港所長」，關鍵就在於我哋如何落實。去年十二月，特區政府已同國家發改委簽署合作安排，作為香港進一步參與「一帶一路」建設的方針和藍本。

我們一帶一路總商會參與主辦今次論壇，正正係希望結合政府和民間力量，與業界一齊「揚帆出海」，聯合港澳台僑的工商專業界人士，在「一帶一路」建設中發揮力量，貢獻國家，成就香港，長遠為青年一代尋找機會和商機，一齊開拓廣闊市場。

2018 年 2 月 9 日

融入國家發展大局

這兩星期，我身在北京參加全國政協會議。大家都日日唔停地參與各個會議，審議報告，為國家發展出謀獻策。

星期二晚，經民聯在北京 Opera Bombana 舉行新春酒會，今次係我們自 2013 年開始，連續第六年在北京兩會期間舉行新春酒會。一年比一年熱鬧，除了新知舊雨可在北京一聚，亦借此機會，感謝各位朋友一直以來對經民聯的支持。我在酒會致辭時亦特意講到，春節前習近平主席親自給香港「少年警訊」成員回信，讓香港市民進一步感受到中央的關心，感受到香港在國家的重要地位。中央提出的「一帶一路」倡議及「粵港澳大灣區規劃」，實在為香港帶來前所未有的機遇。兩會期間，多位國家領導人講話

時都提到，發揮「一國兩制」優勢，積極推動港澳融入國家發展大局。

其實，「一帶一路」橫跨沿線 60 多個國家和地區，加強經貿合作，達致共贏。粵港澳大灣區涵蓋珠三角 9 個城市以及港澳特區，總人口約 6,800 萬，本地生產總值約 1.3 萬億美元，合作發展所帶來的經濟潛力，絕對不容忽視。

今年兩會，我們就「一帶一路」和粵港澳大灣區建設提交多份提案建議，希望可以提供一點有益的參考，共同參與和推動國家發展建設，瞄準「國家所需」，主動對接國家發展戰略，發揮「香港所長」，合力提升優勢互補效應。

融入國家發展大局，為香港帶來的發展機遇不言而喻，相信各行各業的發展都可以從中受惠，關鍵在於我們如何把握機遇，瞄準「國家所需」，發揮「香港所長」，促進經濟持續發展，讓香港市民切實得益。展望新嘅一年，香港充滿希望。

2018 年 3 月 9 日

貫通帶路 拓展商機

今年是「一帶一路」倡議提出五周年，對香港而言，要抓緊「一帶一路」機遇，關鍵就在於如何「化願景為行動」。下星期，一帶一路總商會將舉行就職典禮，當日我哋仲會舉辦論壇，希望大家可以藉此機會，就着「貫通帶路，拓展商機」的主題深入探討同交流，一齊出謀獻策，促進各方合作，共同落實「一帶一路」發展倡議。

今年 2 月，一帶一路總商會與香港特區政府聯合主辦的「國家所需、香港所長——共拓『一帶一路』策略機遇」論壇，取得圓滿成功。張德江委員長在論壇上發表主旨演講，對香港參與「一帶一路」建設提出「四點希望」。委員長更特別提到「國家發展始終需要香港，也必將不斷

成就香港」。讓我們深受鼓舞的是，論壇成功帶出的重要信息，不單是中央對香港參與「一帶一路」建設的鼎力支持，還包括對商會在「一帶一路」建設中發揮特殊作用的肯定同期待。

「一帶一路」建設是一項規模前所未有的宏大工程，需要國有企業和私人企業發揮各自優勢。商會與私人企業之間有一種無可替代的組織聯繫，可以在「一帶一路」建設中擔當不可或缺的「支持者」和「促成者」的角色。

一帶一路總商會旨在聯合港澳台僑的工商專業界人士參與「一帶一路」建設，我們希望透過呢個「共商、共建、共享」的民間平台，瞄準國家所需，發揮香港獨特優勢，與業界一齊「揚帆出海」，在「一帶一路」沿線國家和地區拓展機遇、匯聚人脈，長遠為青年一代尋找更多機會和商機，一齊開拓廣闊市場。

2018 年 4 月 13 日

一帶一路總商會舉辦就職典禮

今個星期二,一帶一路總商會在灣仔君悅酒店舉行就職典禮暨晚宴。當日,我們亦舉行名為「貫通帶路,拓展商機」的論壇。國家商務部、發改委領導專程來港作演講。我作為主人家之一,非常感謝一眾主禮嘉賓以及業界領袖和朋友一同參與。大家聚首一堂,暢敍友誼,共謀合作,一齊為推動「一帶一路」建設和一帶一路總商會會務發展,出謀獻策。

今年 2 月,香港特區政府與一帶一路總商會聯合主辦的「國家所需、香港所長」論壇,取得圓滿成功。帶出一個重要信息是:中央政府、香港特區政府,都高度肯定和期待商會在「一帶一路」建設中的地位同作用。「一帶一

2018 年，一帶一路總商會舉行就職典禮暨晚宴。

路」建設，是一項前所未有的偉大工程，需要國企和民企
發揮各自優勢。商會與民企之間有無可替代的聯繫，擔當
着不可或缺的「支持者」和「推動者」角色。

　　一帶一路總商會未來工作主要有三個方向：一是構
建華資分佈大數據庫；二是組建「共商、共建、共享」民
間平台，推動民間與政府的交流和合作；三是為華資開拓
「一帶一路」商機提供智力支持。

　　當然，「一帶一路」建設的社會根基，就是民心相通。
我們亦希望在此扮演積極角色，構建夥伴關係。我們將會
透過商會這民間平台，與業界一齊「揚帆出海」，在「一帶
一路」沿線國家和地區拓展機遇、匯聚人脈，同時長遠為

青年一代尋找更多發展機會和商機。

　　香港作為國際金融、貿易、航運及服務中心，擁有「一國兩制」優勢，完全可以配合國家所需，發揮香港所長，更好地融入國家發展大局，為國家和香港的未來發展作出貢獻，一齊開拓「一帶一路」的廣闊市場。

2018 年 4 月 20 日

粵港合作推動大灣區建設

經民聯上星期六，組團訪問廣東，分別與廣東省和廣州市的主要領導會面，希望促進粵港兩地在經濟和民生領域的互動和合作，共拓粵港澳大灣區發展機遇。

習主席在「十九大」報告提出，要支持港澳融入國家發展大局。粵港澳大灣區建設，正是香港融入國家發展大局的重大機遇，合作發展所帶來的經濟潛力，絕對不容忽視。

今次訪問廣東，我們特別準備了一份「促進大灣區發展 深化粵港合作」建議書。就兩地在創科發展，旅遊及文化產業，專業服務及人才培訓，工商、交通及通訊，金融服務業，以及青年發展 6 個範疇如何進一步深化合作，提

2018 年，經民聯組團訪問廣東，分別與廣東省和廣州市主要領導會面。

出 22 項建議。

其中旅遊方面，我曾經建議在港珠澳大橋舉辦國際單車賽事，今次訪問廣東亦有積極推動此事。香港擁有舉辦單車節的經驗，如果以大橋作為亮點，相信可以吸引更多選手及旅客參與並到訪三地，為港珠澳地區爭取更多的國際曝光；同時設計不同主題的「一程多站」行程，覆蓋不同客群，將活動發展成為粵港澳大灣區的年度盛事。今年11 月，粵港澳三地將首次在東京舉行「粵港澳大灣區旅遊推廣活動」，攜手在海外市場進行旅遊推廣，就是希望令大灣區發展為一個受歡迎的旅遊目的地。

除此之外，「一帶一路」和大灣區建設需要大量人才。

粵港兩地應該加強人才培訓，同時推出多項措施吸引人才，譬如推動專業資格互認、協助港人在內地發展及安居等，切實便利兩地人才流動，為青年創業、就業、實習提供更多機會，拓寬香港青年的發展空間。

香港要積極融入國家發展大局，經民聯亦希望在推動粵港兩地交流合作以及大灣區建設上出一分力，為香港工商專業界發展開拓市場。

2018 年 5 月 4 日

鼓勵青年把握大灣區發展機會

粵港澳大灣區空前規模的新一輪建設將陸續上馬，為香港青年提供大量機會。我一直都非常關心青年發展，亦希望可以與他們分享不同的經驗和機遇。

我們位於珠海橫琴的「創新方」項目即將落成，上個月順利舉辦「2018 智匯大灣商業挑戰賽」，邀請當地大學生團隊，為項目做市場策劃方案，最後從 42 支來自廣東和澳門不同大學的參賽隊伍中選出優勝者。「創新方」，是一個以文化創意為主題的綜合旅遊娛樂項目。我們希望同區內青年，一齊攜手打造創新方的品牌。今次比賽，就是希望增進他們對項目以及大灣區發展的了解，培養商業興趣和知識，我們亦感受到青年人無比的創意和魄力。

當然，我們同時希望可以為創新方選拔人才。

我們亦計劃通過粵港暑期實習計劃，於今年暑假為香港的大學生提供實習崗位，增強青年對大灣區的認識和工作經驗。我們希望，除了常規的實習工作之外，周末可為香港的大學生安排參觀交流行程，讓學生更多了解當地文化和工作環境，並與當地青年交流等，對大灣區就業和創業有更多認識。

我上月底訪問廣東，亦積極爭取粵港兩地政府推出多項人才措施，譬如推動專業資格互認、協助港人在內地發展及安居等，切實便利兩地人才流動。希望為青年創業、就業、實習提供更多機會，拓寬香港青年的發展空間。除此之外，隨着今年港珠澳大橋及廣深港高鐵等多項大型交通基建相繼落成，香港與大灣區城市之間將實現「一小時生活圈」，香港青年到大灣區工作將更加方便。

中央提出「一帶一路」倡議及「粵港澳大灣區」規劃，支持港澳融入國家發展大局，互惠共贏，攜手再創輝煌。相信新一代青年把握機遇投身大灣區的發展浪潮，未來發展空間一定更加廣闊。

2018 年 5 月 11 日

促進川港合作再上新台階

今年是改革開放四十周年，亦是香港參與汶川地震災後援建十周年。上星期，林鄭月娥特首率團訪問四川，我亦作為商界代表隨團，希望促進川港兩地合作再上新台階。

一連兩日行程，相當緊密。代表團首先拜會四川省領導，並舉行第一次「川港合作會議」，之後出席「四川－香港投資與貿易合作交流會」，參觀了地震災後重建成果展覽以及一連串考察項目。兩地亦簽署備忘錄，希望在「一帶一路」建設及經貿、金融、旅遊、創新科技等 11 個領域加強合作。

彭清華書記在會面時特別提到，他曾在港工作多年，現在依然非常關心香港發展，並在落實川港合作上提了很多意見，包括在創新科技、物流等方面的合作。在彭書記的大力支持下，川港合作更多了「人和」之利。此外，不

得不提的是，今次三任中聯辦主任聚首四川，他們如今雖然身處不同崗位，但同樣為推進兩地合作，推動國家以及香港發展一齊努力。

四川，位處陸上及海上絲綢之路的交匯點，在「一帶一路」上具有重要的戰略地位；香港作為「一帶一路」建設的重要節點，可以發揮金融、物流、基建融資和貿易樞紐等方面的獨特優勢，搭建平台為四川企業實現「走出去」，聯繫「一帶一路」沿線經濟體，攜手開拓國際市場，共同參與「一帶一路」建設。

另外，在旅遊方面，近年我們積極推廣「一程多站」旅遊。四川擁有熊貓基地、南國冰雪節等主題旅遊特色，完全可以合作開發「四川＋香港」「一程多站」旅遊產品路線，並聯合策劃在海外市場的合作，攜手開展宣傳推廣、業界對接等，推動在旅遊產業的合作發展。

川港兩地，一直以來交流密切，近年通過參與四川地震災區援建工作，兩地更建立深厚的友誼。今次訪問四川，可以看到兩地在很多產業上互補性很強，合作議題非常廣泛。相信未來兩地合作將更加緊密，為香港經濟以及青年發展帶來更多機遇。

2018 年 5 月 18 日

大灣區合力發展創科

近年，政府致力推動創新科技產業發展。早前，習主席親自指示支持香港成為國際創新科技中心，並容許內地科研資金過河，資助香港科研界參與國家重點科研項目，無疑為香港創科發展注入新動力。

香港發展創新科技產業，一直缺乏土地和產業化基地，同時亦急需吸納更多人才及開拓更大市場。今次，中央支持香港發展創新科技，並作為大灣區整體佈局的重要一環，集合大灣區的資源力量，完全有條件在區內構建國際科技創新中心，帶動香港的創新科技產業發展。

粵港澳大灣區，可以為創科業界搭建國際創新平台，協助企業對接國際優質資源。一方面提供優惠政策予國

際企業，吸引他們進駐投資，引進海外人才、技術以及部分前沿和新興領域的創新成果；另一方面，資助本地企業走出去，鼓勵創科企業主動與國外著名高校、科研機構結盟合作，汲取海外先進經驗與技術，加快形成大灣區的創新產業鏈。

除此之外，打造國際科技創新中心關鍵在於人才。以美國矽谷為例，科技行政人員和科研人才，有六成並非來自美國本地。因此大灣區要打造國際科技創新中心，亦要加強對國際創新人才的吸引力，加強區內人才流動。我一直非常關心青年發展，希望大灣區可以提供機會鼓勵更多青年參與創辦創科企業，並為他們提供資金和政策支援，拓寬香港青年的發展空間。

粵港澳大灣區市場龐大，三地可以優勢互補打造創新產業鏈，合作推進科技研發、知識產權保護、科技融資等金融及專業服務，以及科技產業管理和運營模式創新，合力推動創新科技產業發展。

2018 年 6 月 8 日

實現高鐵「一小時生活圈」

高鐵香港段，將於今年 9 月通車。上星期，經民聯啟動「我要高鐵長者／學生半價簽名大行動」，擺設街站收集市民簽名。希望為市民爭取更多票價優惠，令更多市民可以享受高鐵帶來的便利。

高鐵便利，首先體現在一地兩檢安排。一地兩檢安排，不但最能發揮高鐵最大的運輸、社會和經濟效益，而且可以為乘客帶來最大的便利。我相信，市民同埋旅客，只需要在西九龍站一次就完成出入境手續，既方便市民前往內地，也方便訪港旅客以香港為起點，轉往內地其他城市繼續旅遊，有助於推動「一程多站」旅遊。

香港旅遊資源豐富，不少旅客都採用「一程多站」的

高鐵香港段於 2018 年 9 月通車，實現香港與大灣區城市之間「一小時生活圈」。

旅遊模式。以香港為起始站，之後轉往內地或東南亞等地方繼續旅遊。隨着港珠澳大橋及高鐵開通，將來我們可以設計多條不同旅遊路線，鼓勵旅客繼續前往其他灣區城市，拓寬香港旅遊業市場，帶動整個大灣區旅遊發展。

除此之外，高鐵可以將市民生活和工作的半徑擴大，譬如廣深港高鐵通車後，從九龍到深圳福田、深圳北，以至廣州南沙等地的時間大大縮短，實現與大灣區城市之間一小時生活圈。這無疑拓寬了香港青年的發展空間，亦有助香港吸引創新人才，推動區內人才流動。

我希望高鐵可以如期通車。隨着多項大型基建今年內相繼落成啟用，香港交通網絡更趨完善，將可進一步鞏固香港作為區域交通樞紐的地位，實現與大灣區城市之間一小時生活圈，不單能夠切實便利市民出行，亦有助發展區域旅遊。

2018 年 6 月 15 日

大灣區舞台實踐理想

上星期，由 150 位香港各界青年代表組成的訪問團，以「國家發展戰略與香港青年機遇」為主題，訪問北京、深圳、武漢等地。韓正副總理在北京會見訪問團並舉行座談交流。韓副總理勉勵香港青年，增進對國家和民族歷史的了解，勇於實踐，把握香港融入國家發展大局的歷史機遇，施展才華，實現抱負，為香港和國家發展作出貢獻。

韓副總理寄語香港青年，應該在粵港澳大灣區建設的舞台上多實踐。他特別提到，大灣區擁有一個國家、兩種制度、三種貨幣、三個關稅區的優勢，可以把粵港澳三地特長發揮出來。大灣區總人口近 7,000 萬，本地生產總值約 1.3 萬億美元，經濟總量很大，發展潛力絕對不容忽視。

我一直都希望香港青年有更廣闊的發展前景，更希望可以同他們分享大灣區的發展機遇。今年暑假，就有十多位香港的大專生，在我們位於珠海橫琴的「創新方」項目實習。過去一個月，他們分別在市場部、物業管理以及獅門娛樂天地的項目團隊實習。我知道，他們今日仲會有一場 presentation，總結實習成果同分享感受。我們希望同區內青年，一齊攜手打造「創新方」的品牌。通過今次實習計劃，真係感受到青年人無比的創意和毅力，當然，我們亦歡迎他們將來畢業後，加入「創新方」團隊。

除此之外，大灣區發展創科產業，打造國際科技創新中心，亦需要大量專業人才。我們一直爭取大灣區內推出多項人才政策，提供機會鼓勵青年參與創辦創科企業，推動專業資格互認等，希望為青年人提供更多發展機會。隨着香港與大灣區城市之間實現「一小時生活圈」，往來大灣區工作和生活亦將更加方便。

粵港澳大灣區發展規劃即將出台。韓副總理曾強調，最根本一條就是大灣區發展成果要惠及廣大群眾，要讓港澳以及大灣區全體市民共享。相信青年一代把握機遇投身大灣區的發展浪潮，未來發展空間一定更加廣闊。

2018 年 7 月 6 日

「山竹」過後的思考

超強颱風「山竹」襲港，十號風球懸掛十個鐘頭。雖然，不是正面直撲，不過已經對香港帶來極大破壞。數以百計建築物玻璃碎裂，多處出現水浸，樹木連根拔起，港九各處滿佈塌樹、道路受阻，這場被形容為本港 40 年來遭遇的最強勁颱風，破壞力前所未見。

風暴過後，翌日市面交通大受影響。大部分交通要塞無法行車，市民上下班、出行苦不堪言。如何在短時間內恢復香港的交通運作？確實是巨大挑戰。香港作為國際大城市，一直以來擁有穩定高效的公共交通網絡。經過今次颱風，相信我們更加感受到，交通網絡是香港最重要命脈之一，提升基建設施的防災能力，對於香港未來城市

的發展是何等重要。

　　如果講區內的重要交通基建，一定會提到港珠澳大橋，仲有後日開通的廣深港高鐵。呢兩大重要跨境交通基建，當初在設計時就採取了相當高的標準，具備抵禦風災的能力。今次颱風過後，從基建安全角度，它們完全經得起考驗，安然無恙。未來政府仍有多項重要交通基建陸續上馬，包括機場三跑、屯門至赤鱲角連接路、各條鐵路支線網絡拓展等等。舉例，機場三跑落成之後，可大大提升香港機場客運量，維持香港作為國際及區域航空樞紐的競爭力，對於在颱風後更快疏導旅客，一定大有幫助。當然隨着氣候變化，我們更要積極應對極端天氣影響，基建建造時都需要多作考慮，讓城市應對天災的防禦工作做得更好。

　　最後，令我感動的是，「山竹」颱風過後，香港主要服務能夠快速恢復，絕對要感謝在颱風中堅守崗位的執勤人員、感謝多個部門前線人員不辭勞苦的善後工作，以及市民同舟共濟、共渡難關，彰顯出獅子山下的香港精神！

2018 年 9 月 21 日

談談「明日大嶼」與低稅制

上周六，我喺報章發表《「明日大嶼」對低稅制支撐作用值得重視》嘅文章，各方反應唔少，我感到大家對香港發展前景嘅關心，借呢個專欄對有些問題再作補充同解釋。

香港嘅納稅人，都享受極低稅制嘅優越。西方發達國家嘅利得稅，都係百分之二十至三十，薪俸稅更高達百分之四十甚至五十。香港嘅薪俸稅標準稅率只有 15%，利得稅稅率最多為 16.5%。香港奉行低稅制，但特區政府嘅開支卻相當龐大，錢從何來？賣地收入佔咗相當比重。政府 2017 至 18 年度嘅賣地收入高達 1,636 億元，佔政府收入比重更升至 26.7%。迄今為止，全港已填海 7,027 公

「明日大嶼」填海計劃將可帶來巨額賣地收入,為低稅制發揮持續性支撐作用。

頃,帶來龐大賣地收益,為低稅制提供咗重要支持。

「明日大嶼」可提供 1,700 公頃土地,七成為公營房屋,三成私樓和商業用地。當中都有一啲係海景地皮,還有部分係鐵路上蓋,價值不菲,可為庫房帶來超過萬億元嘅收入。而且,「明日大嶼」興建大量公營房屋,現有港九新界原本計劃建私樓嘅用地,可以不再改劃為公營房屋用地,政府嘅賣地收入也更有保證。

巨額嘅賣地收入,為低稅制發揮持續性支撐作用。作為納稅主體嘅中產專業階層,自然會減輕稅務嘅壓力。庫

房有錢負擔社會福利，包括綜援家庭在內嘅基層市民，都係受惠者。不過，有人討論「明日大嶼」財政支出時，唔單止忽略咗規劃可帶來巨額土地收入，更沒有看到填海造地收益，係低稅制嘅重要支柱，顯然係唔全面。

實際上，「明日大嶼」承載着港人嘅安居夢。有人說，如果當年能夠堅持八萬五建屋計劃，今日香港房屋問題唔會咁嚴重。前車之鑒，後事之師。現在，我亦應該問：如果今天「明日大嶼」不幸被拉倒，未來嘅房屋問題將會陷於點樣嘅困境？

2018 年 10 月 26 日

投身新時代國家發展建設

今年是改革開放四十周年，上星期特首率團訪京，我亦有幸獲邀參與代表團，感受國家改革開放的發展變化，繼續參與新時代國家發展建設。

代表團行程相當緊密。我們在北京出席了國家發改委和港澳辦共同主辦的「香港澳門參與國家改革開放四十周年座談會」，深深感受到國家在改革開放 40 年來取得的巨大發展成就。星期一早上，習主席會見港澳代表團，充分肯定我們港澳同胞在改革開放進程的作用和貢獻，形容港澳地位獨特，港澳同胞貢獻重大，所發揮的作用不可替代。習主席還特別與許多香港代表團的成員握手，充滿了對香港同胞的真摯情感，讓我們深受感動。他對港澳提出

四點希望，包括更加積極主動助力國家全面開放、融入國家發展大局、參與國家治理實踐和促進國際人文交流。

　　國家改革開放，為香港帶來更多發展機遇。正如特首所言，香港既是改革開放的「參與者」、「貢獻者」，也是「受惠者」。據貿發局數據顯示，香港不單是內地最大的海外直接投資來源地，亦是內地對外直接投資流出的主要目的地。內地對香港直接投資存量達 7,800 億美元，佔對外直接投資流出近六成。受惠於改革開放，香港自身經濟也得到騰飛，成為國際金融貿易中心。近年，通過 CEPA 協議、開放「自由行」、「滬港通」、「深港通」等多項政策落實，為香港經濟發展注入更多活水。

　　國家改革開放進入新時代，面對「一帶一路」和大灣區建設等發展新機遇，香港要繼續努力，融入國家發展大局。而青年人就是建設國家、建設香港的新生力量。習主席非常重視青年發展，強調要為港澳青年發展多搭台、多搭梯。青年一代把握機遇，一齊參與新時代國家和香港的發展建設，施展才華，實現抱負，未來發展空間一定更加廣闊。

2018 年 11 月 16 日

經民聯六周年再添新成員

今個星期，經民聯舉行六周年晚宴。今次，我哋喺海洋公園萬豪酒店，筵開逾 80 席。感謝近千名各界嘉賓蒞臨，亦感謝一眾主禮嘉賓、政商界以及傳媒朋友捧場，一齊為經民聯送上祝福。晚宴上，我都公佈咗一個喜訊，吳永嘉議員正式加入經民聯大家庭，同我哋一齊為貢獻國家、服務香港而繼續前行。

今年，我哋移師海洋公園萬豪酒店，可能有朋友都知道，酒店係由我公司投資發展。今次可以喺自己地方舉行我哋嘅周年晚會，就好似同咁多位經民聯嘅朋友一齊返咗屋企一樣，非常親切。

晚宴表演環節，不少朋友都大展才藝，傾力演出，帶

來多個精彩節目。好高興與特首及一眾官員朋友一齊獻唱《獅子山下》，為晚宴掀起高潮。當然，仲要感謝多位好友鼎力支持，為經民聯會務發展出錢出力。現場好多嘉賓互相 selfie，我喺 fb 都有好多朋友 upload 咗好多靚相，非常盡興。

六年來，經民聯一步一個腳印，積極搭建香港工商界、專業界同政府及市民溝通嘅橋樑，用務實嘅態度，同政府及社會各界尋求合作空間。經民聯嘅隊伍不斷擴大，已成為香港重要嘅建設力量。藉此機會，真係要對一直以來大力支持經民聯發展嘅各方友好，表示最衷心嘅感謝！

今年，適逢改革開放四十周年。習近平主席上月會見港澳各界訪問團時，對香港在改革開放中嘅貢獻同優勢，予以充分肯定。展望未來，香港需要更加積極融入國家發展大局，經民聯將與社會各界攜手前行，繼續扮演推動者、建設者嘅角色，積極向中央同特區政府建言獻策，一齊努力將香港這個家園建設得更加美好。

2018 年 12 月 14 日

落實大灣區綱要 發展香港造福港人

　　新春伊始，今個星期我和不少政商界朋友都在北京，出席全國政協和人大會議。兩會係一眾港區人大代表及政協委員共商國是的重要平台，也係大家聚首一堂，相互交流的好時機。前晚，經民聯就在北京 Opera Bombana 舉行經民聯慶祝國慶 70 周年暨新春酒會，藉此機會邀請新知舊雨在北京一聚。

　　十分感謝港澳辦、中聯辦、特區政府一眾官員、全國人大港澳代表和全國政協港澳委員、政黨及社團領袖等逾 200 位嘉賓蒞臨。其實自 2013 年開始，經民聯每年都會在兩會期間舉行新春聚會，非常感謝各位朋友一直以來對經民聯的支持。我在酒會上，都同大家分享，今年係

中央公佈粵港澳大灣區規劃綱要，粵港澳三地政府在香港共同舉辦《粵港澳大灣區發展規劃綱要》宣講會，介紹《規劃綱要》內容和探討大灣區的發展機遇。

喜慶之年，國家有兩件大事：第一件大事，今年係新中國成立七十周年華誕，亦係人民政協成立七十周年。我們國家 70 年一路走來，現在進入了大國新時代。另一件就係，上個月中央公佈了粵港澳大灣區規劃綱要。大灣區建設不單係國家層面的重要戰略，亦係香港發展的重大機遇，係香港融入國家發展大局、實現自身更好更快發展的重要平台。

　　大灣區建設，是今年兩會重要議題之一。韓正副總理在政協聯組會議講話時，也用了較長時間談及大灣區發

展。他表示，要準確把握大灣區建設的戰略意圖，支持港澳融入國家發展大局，重點加強科技創新合作、為港澳居民提供稅務優惠政策、鼓勵港澳青年在大灣區就業創業等，他還提到未來將會有 30 多項具體便利措施出台。

中央和特區政府一再鼓勵各界就大灣區建設多提出具體可行的建議。今年兩會，經民聯就推動大灣區建設提出了多個提案建議，包括金融、旅遊、科技創新、文化教育、基建互聯互通等多個方面。希望在香港融入國家發展大局的過程中，盡心盡力，獻計獻策，找準國家所需，發揮香港所長，既貢獻國家，又發展香港，造福港人。

隨着大灣區規劃各項細節政策的落實，相信將會惠及香港各行各業的發展，促進經濟持續發展，讓市民切實得益，造福港人。

2019 年 3 月 8 日

加強「一帶一路」數據建設合作

今年兩會，圓滿閉幕。「一帶一路」建設，再度成為兩會高頻詞和代表委員們討論的重點議題。星期一，一帶一路總商會和國家信息中心，在北京簽署數據建設合作備忘錄，非常感謝發改委、國家信息中心以及各位朋友的支持。

數據建設，是研究和發展「一帶一路」建設必不可少的重要一環。國家信息中心，長期以來服務支撐國家大數據戰略，深耕「一帶一路」經濟體的發展研究，在探索數據驅動型創新體系和發展模式方向卓有成效。經過一段時間的溝通，我們同國家信息中心在「一帶一路」事業的數據建設方面取得共識，建立長效合作機制，共同跟進落

實各個具體項目。

除此之外，星期一中午我們還舉辦了「一帶一路」建設金融合作工作午餐會。榮幸邀請到 12 屆全國政協副主席陳元出席。午餐會上，來自香港金融界的政協委員暢談「一帶一路」金融合作，就大灣區如何支撐「一帶一路」發展、人民幣國際化等不同議題深度交流。

中央公佈的粵港澳大灣區發展規劃提到，以灣區為一體加快構建開放型經濟新體制，為「一帶一路」建設提供有力支撐。這是香港的重大機遇，亦是新時期經濟發展的新課題，各界對此都充滿期望。我們希望同國家信息中心共商共建、優勢互補，建設灣區大資料創新創業和產業應用基地，構建灣區大資料生態環境，探索企業的資料驅動發展模式，升級企業自身系統，充分發揮香港所長，貢獻服務國家所需。

我在兩會上，提交了四份提案，其中一份是建議中央支持民間商會在「一帶一路」建設發揮更大作用，推動信息及資源共享，建立「共商共建共用」民間平台，服務「一帶一路」投資企業，一齊開拓廣闊市場。

2019 年 3 月 15 日

資料鏈接

1.「一帶一路」

「一帶一路」是「絲綢之路經濟帶」和「21 世紀海上絲綢之路」的簡稱。從 2013 年 9 月、10 月習近平主席提出「一帶一路」合作倡議，到 2015 年 3 月《推動共建絲綢之路經濟帶和 21 世紀海上絲綢之路的願景和行動》的發佈，「一帶一路」倡議已從戰略構想步入全面務實推進階段。具體而言，「一帶一路」有三大任務與方向：一是努力實現區域基礎設施更加完善，安全高效的陸海空通道網路基本形成，互聯互通達到新水準；二是投資貿易便利化水準進一步提升，高標準自由貿易區網路基本形成，經濟聯繫更加緊密，政治互信更加深入；三是人文交流更加廣泛深入，不同文明互鑒共榮，各國人民相知相交、和平友好。「一帶一路」合作以「五通」──「政策溝通、設施聯通、貿易暢通、資金融通、民心相通」為主要內容。

2. 一帶一路總商會

「一帶一路總商會」由麗新集團主席林建岳、正大制

藥集團總裁鄭翔玲、高銀金融地產控股主席潘蘇通、華彬集團主席嚴彬共同發起，於 2018 年 4 月 17 日正式成立。總商會期望聯合港澳台僑的工商專業界人士，在「一帶一路」中發揮作用，既為業界聯繫「一帶一路」沿線國家及地區，擴大網絡，開拓商機，開展多方面的合作，造福當地民眾，又為國家發展戰略作出貢獻。總商會設有多個專門委員會，包括「金融委員會」、「大型基建委員會」、「貿易委員會」、「專業服務委員會」、「文化產業委員會」、「醫療健康委員會」、「青年事務委員會」、「科技創新委員會」等，邀請業界人士和各方專家加盟，共同就參與「一帶一路」建設提出可持續發展的建議。

總商會於 2018 年 2 月聯同特區政府在北京人民大會堂舉辦「國家所需 香港所長——共拓一帶一路策略機遇」論壇，邀得全國人大常委會委員長張德江、國務委員楊潔篪和王勇、全國政協副主席陳元出席。論壇得到香港和內地企業的踴躍參與，並獲得中央部委，特別是國務院國有資產監督管理委員會的大力支持。

3. 改革開放 40 年

1978 年 12 月 18 日至 22 日，中國共產黨第十一屆中

央委員會第三次全體會議召開後，開始實施一系列「對內改革，對外開放」的經濟改革和措施，包括實行混合經濟模式、家庭聯產承包制、允許私有企業不再由國家管有、容許外商投資等。改革開放全面改變了中國經濟封閉的情況，帶動中國經濟高速發展，走向富強之路。經過改革開放 40 年的努力，中國國內生產總值由 3,679 億元增長到 2017 年的 82.7 萬億元，年均實際增長高達 9.5%，一躍而成世界第二大經濟體。改革開放 40 年是中國走向現代化、走向富強的重要里程碑。

附錄

香港旅遊盛事大事記

（2013 年 4 月至 2019 年 3 月）

───────────── 2013 年 ─────────────

4 月 1 日

 林建岳博士接替田北俊出任香港旅遊發展局主席，任期由 2013 年
4 月 1 日至 2016 年 3 月 31 日，為期 3 年。

4 月 22 日

 香港旅遊發展局公佈推出「香港傳統文化匯」主題活動，涵蓋「長
洲太平清醮」、「佛誕」、「天后誕」及「譚公誕」4 項富特色的民間
節慶，安排旅客學習製作平安包、品茗及坐帆船遊維港等節目，
鼓勵旅客參與其中。

5 月 23 日至 26 日

 擁有 40 年歷史的巴塞爾藝術展移師香港會議展覽中心舉行，是該
展覽首次登陸亞洲。200 多間世界頂級畫廊參與展出，其中過半
來自亞洲及亞太地區，另有 48 間首次來港參展。

6 月 12 日

 新建的啟德郵輪碼頭啟用並迎接第一艘郵輪「海洋水手號」。

6 月 21 日至 23 日

 由中國香港龍舟總會主辦、香港旅遊發展局合辦、盛事基金贊助
的「香港龍舟嘉年華」，有分別來自 11 個國家及地區、約 200 支本

地及外地龍舟隊伍參與。是屆特設「名人扒浴缸大賽」，多位政商和演藝界名人和代表划着浴缸，於維港進行 100 公尺激鬥。

9 月 14 日至 22 日

香港旅遊發展局於維園舉辦「綵燈大觀園」，展示一個以 7,000 個廢棄膠樽建成的三層高大型半月形綵燈，吸引大批市民晚上飯後參觀。

10 月 31 日至 11 月 3 日

第五屆「香港美酒佳餚巡禮」首次移師中環新海濱舉行。場內設有六大主題區，共約 300 個參展攤位，呈獻多元化的美酒和美食配對。活動新增「品味館」專區，舉行多個品酒會及專題講座，同時更邀請香港廚師隊炮製多道出戰「Salon Culinaire Mondial 2013」的菜式。4 天內錄得 14 萬入場人次，售出 31,100 個品酒證。

11 月至 2014 年 2 月

香港旅遊發展局推動「香港郊野全接觸」，舉辦 10 場「遠足導賞團」及增設 4 場「單車導賞團」，鼓勵旅客利用全新方式體驗香港的自然景致。

11 月 29 日至 12 月 31 日

香港旅遊發展局舉辦「香港繽紛冬日節」的重點項目「聖誕夢飛翔」，以巨型蒲公英藝術裝置「WISH」代替傳統的聖誕樹，豎立在中環皇后像廣場中，為市民和旅客帶來別具一格的聖誕佈置。

12 月 31 日

除夕煙花特別加入 3D 煙花，令維港上空出現一個又一個的 3D「笑臉」和「愛心」，吸引約 38.2 萬市民以及來自各地的遊客齊集維港兩岸觀賞。

1 月 25 日

香港旅遊發展局公佈 2013 年來港旅客有 5,430 萬人次,比 2012 年升 11.7%,其中七成是內地旅客。

1 月 31 日

2014 年新春國際匯演共有 13 輛花車、21 支表演隊伍與 3,000 位表演者參與演出。15 萬名觀眾中,超過半數為訪港旅客。

2 月 26 日

香港旅遊發展局與台灣觀光局簽署全球首個「亞洲郵輪專案」,結集區內合作港口對郵輪公司的財務支持,共同發掘亞洲郵輪旅遊業的巨大潛力。

3 月 28 日至 30 日

香港欖球總會與香港旅遊發展局在中環新海濱舉行「HK Fan Zone」,設置大屏幕轉播「香港國際七人欖球賽」賽事,為球迷增添一個觀賽的地點。

4 月

麗星郵輪旗下的「處女星號」自 4 月起長期停泊香港。

5 月 15 日至 18 日

一連五天的第二屆香港巴塞爾藝術展舉行,來自 39 個國家的 245 家頂級藝廊參展,共吸引逾 6.5 萬人次入場。

6 月 6 日至 8 日

「香港龍舟嘉年華」一連三天舉行,包含「香港國際龍舟邀請賽」、「龍舟裝置藝術展覽」及「生力啤酒節」三大亮點,大型海陸派對令旅客及市民樂而忘返。

6 月 21 日

前身為荷李活道已婚警察宿舍的「PMQ 元創方」正式開幕，成為香港的文創產業和旅遊新地標。

10 月 29 日

香港旅遊發展局在尖沙咀香港文化中心及鐘樓的外牆上演首場「閃躍維港」3D 光雕匯演。

10 月 30 日

一連四天的「香港美酒佳餚巡禮」在前啟德機場跑道舉行，約 270 個美酒和美食攤位展出來自 18 個國家及地區、經專業酒評師嚴選的佳釀，以及得獎和米芝蓮星級美食，呈獻的美酒美食多達逾千款。

12 月 5 日

位於中環海濱長廊的香港摩天輪正式啟用。

12 月 5 日至 2015 年 1 月 1 日

「香港繽紛冬日節」舉行，活動包括聖誕燈飾、商場大減價、節日美食等，吸引大批市民和中外旅客參與。

12 月 31 日

除夕煙花匯演的彩虹七色煙火及圓形圖案煙花在維港上空綻放，象徵着「希望」與「圓滿」，寓意香港人開開心心迎接 2015 年。維港兩岸逼滿約 30 萬人倒數迎接新歲。

2015 年

1 月 30 日

香港旅遊發展局公佈數字，2014 年全年訪港旅客達 6,083.8 萬人次，按年上升 12%，升幅主要由內地訪港旅客帶動，內地旅客佔

訪港總人次約 78%。其餘旅客來自短途地區市場，長途地區市場的平均旅客人次，與 2013 年全年相若。

2 月 19 日

香港旅遊發展局主辦新春巡遊匯演踏入第二十屆，以「環球派對 ‧ 精采 20 年」為主題，廣邀 11 個國家及地區的 34 輛花車和表演隊伍在馬年大年初一到港表演，與市民旅客共迎新春。是次匯演當天更派發蛋糕券，以及在機場向旅客派發 298,888 封利是，當中附有天星小輪和電車搭乘贈券及其他消費優惠。匯演共有 15 萬人在尖沙咀夾道觀賞，樂在其中。

3 月 15 日至 17 日

第三屆香港巴塞爾藝術展舉行，有來自 37 個國家及地區、超過 233 家國際頂級藝廊參展。其中過半數藝廊於亞洲及亞太地區設有展示場地。

3 月 17 日

行政會議通過機場管理局擴建機場第三跑道計劃。

3 月 28 日

國家發展改革委、外交部、商務部聯合發佈了《推動共建絲綢之路經濟帶和 21 世紀海上絲綢之路的願景與行動》。香港如何打造成為「一帶一路」多元旅遊平台、開拓沿線旅遊市場等旅遊課題，引起業界廣泛關注和響應。

6 月 5 日至 7 日

為期三天的香港女子高爾夫球公開賽揭幕。這是本港首次舉辦世界級女子職業高爾夫球公開賽。

6 月中至 8 月

香港旅遊發展局舉行「香港 FUN 享夏日禮」，在機場推出「訪港旅客人人有份」大抽獎，送出 280 萬至 300 萬份禮品，包括紀念品、免費餐飲、水療、乘坐直升機遊覽等，所有旅客又可參與終極大抽獎。

7 月 3 日至 5 日

「香港龍舟嘉年華」舉行，有來自 14 個國家及地區、合共近 4,000 名龍舟好手參加，競逐 23 項錦標。大會並在維港舉辦「龍舟海上拔河」及「香港航空扮嘢大賽」，增添更多歡樂氣氛。

7 月 9 日

為迎接即將完工的港珠澳大橋，香港旅遊發展局與珠海市文化體育旅遊局及澳門旅遊局簽署旅遊合作框架協議，加強香港、珠海和澳門三地更緊密的旅遊聯繫和「一程多站」推廣工作。

9 月 26 日至 28 日

香港旅遊發展局與主辦機構合作，特別安排澳洲演員 Hugh Jackman 參與大坑舞火龍盛事舞動龍珠，獲得全球媒體廣泛報道。

10 月 10 日

香港旅遊發展局主辦的首屆「香港單車節」舉行，首次開放青馬大橋予單車愛好者挑戰 35 公里賽事。

10 月 22 日

「香港美酒佳餚巡禮」一連四日在中環海濱活動空間舉行，呈獻來自全球 23 個國家及地區的佳釀，並引入更多不同種類的美酒，包括首度引入威士忌和手工啤酒。而美酒和美食攤位多達近 350 個，較去年大幅增加超過三成。

11 月 27 日至 29 日

第八屆 Clockenflap 音樂及藝術節演出陣容強勁，一連三天為觀眾帶來精采表演。香港旅遊發展局借助名人自身平台，並通過數碼和社交媒體，為活動大力宣傳。

12 月 4 日至 2016 年 1 月 1 日

「香港繽紛冬日節」舉行，全港主要景點及商場都推出連串活動。中環皇后像廣場展出以 5 萬顆 LED 燈設置的巨型蛇形燈飾為活動主角，將華麗的意大利式生活文化帶到香港。

12 月 31 日

香港旅遊發展局主辦的除夕煙火匯演倒數活動，吸引超過 33 萬人在維港兩岸參與倒數與觀賞。匯演歷時 8 分鐘，主題「愛與歡樂」，高空出現多個代表愛的心形，以及超過 160 個「笑面」圖案。

2016 年

---

1 月 21 日

香港旅遊發展局公佈數字，2015 年整體訪港旅客逾 5,930 萬人次，按年下跌 2.5%，其中內地旅客為 4,562 萬人次，非內地旅客為 1,368 萬人次，分別按年下跌 2.9% 及 1.2%。

2 月 8 日

第二十一屆新春國際匯演之夜主題是「環球樂園 · 新春派對」，來自 10 個國家和地區共 35 組花車和表演隊伍演出，大年初一吸引 15 萬人在尖沙咀夾道觀賞。今年香港旅遊發展局首次安排英國廣播公司的主持人登上旅發局的花車，親身參與匯演，分享見聞。

2 月 26 日

特區政府公佈，再度委任林建岳博士為香港旅遊發展局主席，任期由 2016 年 4 月 1 日至 2019 年 3 月 31 日，為期 3 年。

3 月 22 日至 26 日

香港旅遊發展局特別將 3 月打造為「香港藝術月」，將多項文藝活動、藝術地標串連起來，向旅客及國際傳媒推介。來自 35 個國家及地區、合共 239 家著名畫廊共同參與的「香港巴塞爾藝術展」是重點推介活動。

6 月 10 日至 12 日

「香港龍舟嘉年華」為配合「香港國際龍舟邀請賽」四十周年，移師中環海濱舉行，並增設特別賽事，邀請海內外頂尖龍舟隊伍競逐錦標。是屆又增設特別賽事「香港盃」。

8 月 5 日

香港旅遊發展局推出全新一輪「閃躍維港」3D 光雕匯演,加入中華白海豚、中環夜景,甚至是凌霄閣和滙豐銀行大廈合體的機械人等投射影像,更邀得澳洲著名編舞師 Katie Cesaro 助陣,穿上由奧斯卡最佳服裝設計得獎班底設計的發光舞衣勁舞帶動氣氛。新版更首度引入互動元素,觀眾按動鐘樓預設按鈕,就會得出一款色彩繽紛的圖案。

9 月 9 日

作為 M+ 舉辦展覽和活動主要場地的 M+ 展亭啟用。這是西九文化區內首個落成的永久設施。

9 月 25 日

第二屆「香港單車節」路線覆蓋本港多個地標及多條主要幹道,設 4 項比賽及 5 個單車活動,吸引逾 4,600 名單車手參與,當中更包括 140 位來自 27 個國家及地區的專業單車手,及國際單車聯盟 (UCI) 世界一級職業車隊 Lampre-Merida 及 ORICA-BikeExchange 參與。是屆「單車節」吸引逾 51,000 人次圍觀,當中三分之一為旅客。

10 月 8 日

香港首度舉辦電動方程式賽車賽事 (Formula E)。Formula E 香港分站涵蓋中環海濱主要道路。

10 月 27 日

「香港美酒佳餚巡禮」一連四天假中環海濱活動空間舉行,會場面積逾 4 公頃,較上屆增加兩成,共設有逾 410 個攤位,呈獻 26 個國家及地區的佳釀,並提供數之不盡的環球美食。

11 月 3 日至 6 日

香港舉行清水灣高爾夫球公開賽,成為首項在中國內地以外地方舉辦的美國職業高爾夫球巡迴賽中國系列賽活動。

12 月 2 日至 2017 年 1 月 1 日

「香港繽紛冬日節」舉行，高約 15 米的大型聖誕樹連同多棵聖誕樹聳立在中環皇后像廣場，成為是屆活動亮點。

12 月 31 日

「2017 香港除夕倒數」是香港旅遊發展局慶祝香港特區成立二十周年的活動之一，規模是歷年之最。匯演由以往的 8 分鐘延長至 10 分鐘。為慶祝中國銀行在香港服務一百周年，是次匯演加入了中銀香港商標、「100」以及多款全新的煙花圖案和特別的燈光效果。匯演吸引 334,000 人次於維港兩岸觀賞。

2017 年

---

1 月 23 日

香港旅遊發展局公佈數字，2016 年訪港旅客約 5,665.5 萬人次，比 2015 年下跌 4.5%。當中，訪港內地旅客主要因「一周一行」效應而下跌 6.7%，國際旅客則錄得增長。

2 月 8 日

2017 年的新春國際匯演是慶祝香港特區成立二十周年的活動之一，以「開年 開運 開心」為主題，規模更是歷屆之最，共有 10 輛花車，55 支來自 11 個國家和地區的團隊參加，表演人數多達 3,000 人。匯演共吸引 155,000 人次到現場觀賞，其中超過一半為旅客。

3 月 23 日至 25 日

第五屆香港巴塞爾藝術展有來自 34 個國家及地區、合共 242 間藝廊參展，除多間再度回歸的藝廊，其中有 29 間首度參展。是屆亦新增「策展角落」展區。

3月31日

香港旅遊發展局聯同旅遊事務署推出「慶祝香港特別行政區成立二十周年禮遇精選」小冊子，包含景點門票、購物、餐飲等逾40項消費折扣優惠，在旅發局旅客諮詢中心、酒店及旅行社派發超過80萬本。

4月26日

香港旅遊發展局推出「舊城中環」旅遊推廣項目。該項目重新整合了中環和上環的多元旅遊特色，推出5條主題漫步遊路線。

6月

60位來自東京、名古屋、大阪、福岡和札幌的主要旅遊業代表訪港，是日本歷來到港最大型的業界代表團。

6月2日至4日

是屆「香港龍舟嘉年華」是香港特區成立二十周年的慶祝活動之一，規模更勝往年，場地面積較去年增加五成，並加入多項全新競賽項目，參與國際龍舟隊伍和總健兒數目更是歷年之最，集12個國家及地區逾5,000名健兒。

6月29日

國家主席習近平及時任行政長官梁振英與時任候任行政長官林鄭月娥，一同見證簽署香港故宮文化博物館合作協議，標誌着項目正式推展。

7月1日

在國家主席習近平見證下，國家發改委與粵港澳三地政府簽署《深化粵港澳合作 推進大灣區建設框架協議》，合作重點領域包括「共建宜居宜業宜遊的優質生活圈」。

8月4日至6日

香港旅遊發展局首辦「香港電競音樂節」，以慶祝香港回歸二十周年。這是香港首個以「電競」為主題的大型活動。

8 月 14 日

特區政府公佈首份「香港非物質文化遺產代表作名錄」，涵蓋共 20 個項目，用作參考依據，以便在分配資源和採取保護措施方面訂定緩急次序。

10 月 8 日

「香港單車節」首次獲國際單車聯盟認可為 1.1 級別賽事，並被列入亞洲巡迴賽事之一。

10 月 26 日

「香港美酒佳餚巡禮」一連四日假中環海濱活動空間舉行，為香港特區成立二十周年慶祝活動之一，共有約 400 個美酒美食攤位。

12 月 1 日

香港旅遊發展局推出全新製作的「幻彩詠香江」，新增 10 幢大廈外牆的 LED 屏幕，政府總部及稅務大樓頂部還加設了全新的 LED 光束燈，營造扇形般舞動的燈光效果。整個新版本的參與大廈及景點增至 40 幢。

12 月 1 日至 2018 年 1 月 1 日

是屆「香港繽紛冬日節」配合全新「幻彩詠香江」匯演，旅客冬日節日氣氛更濃厚。

12 月 14 日

行政長官林鄭月娥在北京參與簽署《國家發展和改革委員會與香港特別行政區政府關於支持香港全面參與和助力「一帶一路」建設的安排》。有關安排聚焦基礎設施與航運服務、民心相通、大灣區建設等六大重點，並訂定具體建議，作為香港進一步參與「一帶一路」建設的方針和藍本。

12 月 21 日

香港旅遊發展局與香港旅遊業議會在香港合辦「粵港澳大灣區旅遊業界合作峰會」，為大灣區內的旅遊業界提供交流平台，締結合

作關係，拓展商機。超過 300 位來自大灣區內不同政府部門、旅遊業界及相關界別的代表出席。

12 月 31 日

「2018 香港除夕倒數」煙火匯演，覆蓋闊度較往年增逾三成半。匯演更特別加入兩個新的元素，包括首次使用歐洲獲獎製造商的煙花，以及邀請澳洲演藝團體呈獻融合戲劇、舞蹈及馬戲雜技元素的精湛表演。匯演吸引超過 36 萬人到維港兩岸觀賞。

2018 年

---

1 月 8 日

商務及經濟發展局宣佈為深水埗建立全新地標，透過租用市區重建局通州街／桂林街重建項目，打造五層高的設計及時裝基地，同時帶動深水埗區的旅遊發展。商經局並邀請香港旅遊發展局加強宣傳深水埗區的歷史和本土文化旅遊特色。

1 月 29 日

香港旅遊發展局公佈數字，香港旅遊業經歷兩年調整，2017 年訪港旅客數量重拾升軌，整體訪港旅客達 5,847 萬人次，按年增加 3.2%；其中，內地客 4,444 萬人次，按年上升 3.9%。

2 月 16 日

第二十三屆「新春國際匯演之夜」同樣以「開年 開運 開心」為主題，9 輛華麗花車聯同 56 隊表演隊伍和 2,500 個表演者在強勁的節拍中，迎接狗年來臨。這次匯演更雲集歷來最強勁的國際團隊，當中不乏世界冠軍及世界紀錄保持者。超過 15 萬名觀眾在尖沙咀街頭夾道觀賞。

3 月 29 日至 31 日

第六屆香港巴塞爾藝術展有 248 間來自 32 個國家及地區的頂級藝廊參展，半數於亞洲及亞太地區設有展覽場地，其中 28 間為首次參展。

6 月 16 日

香港旅遊發展局與波爾多旅遊及會議辦公室，首次簽訂《香港及波爾多美酒佳餚旅遊推廣諒解備忘錄》，進一步加強兩地在相關方面的合作。

6 月 22 日至 24 日

是屆「香港龍舟嘉年華」有約 160 支來自香港、內地及海外的國際隊伍參與，並首設「粵港澳大灣區邀請賽」，選手爭奪「大灣區杯」。另外，嘉年華亦增設人造沙灘及「水戰區」等新元素。

8 月 24 日至 26 日

由香港旅遊發展局主辦的「香港電競音樂節」比上一屆更具規模，參賽的電競隊伍多達 26 支，並雲集逾 110 位來自世界各地、包括香港的電競好手參加。

9 月 22 日

行政長官林鄭月娥及廣東省省長馬興瑞在香港西九龍站共同主持廣深港高速鐵路香港段開通儀式。廣深港高鐵香港段首班車於 9 月 23 日早上 7 時於西九龍站開出。

9 月 25 日

香港旅遊發展局宣佈將 2019 年訂為「香港日本旅遊年」，進一步推動兩地的旅遊業發展。

10 月 14 日

「香港單車節」新增歐洲隊際公路賽 Hammer Series 香港站，吸引 11 支國際單車聯盟世界巡迴賽車隊同場競技，為單車盛事升級。

10 月 23 日

舉世矚目的世紀工程港珠澳大橋在廣東珠海舉行開通儀式。國家主席習近平出席儀式，宣佈大橋正式開通並巡覽大橋。大橋於 10 月 24 日上午 9 時正式通車運營。

10 月 25 日

「香港美酒佳餚巡禮」共設 450 個攤位，有 34 個國家及地區參與，為歷屆最大規模。為慶祝踏入第十屆，香港旅遊發展局特別安排 100 架無人飛機，首次在維港上空進行光影飛行匯演。活動更加入不少與「十」有關的全新元素，加強美酒佳餚體驗。

11 月 29 日至 2019 年 1 月 1 日

是屆「香港繽紛冬日節」結合「閃躍維港燈影節 2018」同時舉辦，當中以中環皇后像廣場矗立的巨型聖誕樹和維港夜空上演的除夕煙花匯演最受注目。

12 月 31 日

香港旅遊發展局主辦歷時 10 分鐘的除夕煙花音樂匯演，首次引入意大利獲獎煙花，呈現「星空萬花筒」，更在匯演尾段的 1 分鐘內展現 45 種煙花圖案。

--- 2019 年 ---

1 月 31 日

香港旅遊發展局公佈，2018 年整體訪港旅客數字共錄得 6,514.8 萬人次，按年增加 11.4%，創歷史新高。其中，訪港內地旅客總人次達 5,103.8 萬，首次突破 5,000 萬大關，是整體訪港旅客數字增長主要來源。

1 月 31 日

經 3 年關閉進行翻新改善工程後，尖沙咀海濱星光大道重開。

2 月 5 日

香港旅遊發展局主辦的「新春國際匯演」共有 9 架花車及數十隊來自歐洲和內地等隊伍,表演舞龍舞獅和跳繩等節目。為迎接豬年來臨,多架花車均加上不同款式的「豬仔」造型。匯演共吸引約 15.5 萬人觀賞。

2 月 18 日

《粵港澳大灣區發展規劃綱要》公佈,宜居宜業宜遊的優質生活圈是五大戰略定位之一。綱要多項互聯互通措施有利於全面提升香港旅遊業發展水平。

3 月 1 日

特區政府公佈,委任林建岳博士於 2019 年 6 月 1 日接替羅康瑞博士為香港貿易發展局主席,並委任彭耀佳博士於 4 月 1 日接替林建岳博士為香港旅遊發展局主席。